福建文化海外传播丛书

福建省中华文化学院 编

闽都文化
在海外

王坚 ◎ 编著

海峡出版发行集团
海峡文艺出版社

图书在版编目(CIP)数据

闽都文化在海外/王坚编著. 一福州:海峡文艺
出版社,2024.12
(福建文化海外传播丛书)
ISBN 978-7-5550-3844-3

Ⅰ.G127.57

中国国家版本馆 CIP 数据核字第 20249S7E00 号

闽都文化在海外

王坚　编著

出 版 人	林　滨
责任编辑	余明建
出版发行	海峡文艺出版社
经　　销	福建新华发行(集团)有限责任公司
社　　址	福州市东水路 76 号 14 层
发 行 部	0591－87536797
印　　刷	福州约瑟弗文化发展有限公司
厂　　址	福州市仓山区浦上工业区 B 区 47 号楼二层
开　　本	720 毫米×1010 毫米　1/16
字　　数	150 千字
印　　张	11.75
版　　次	2024 年 12 月第 1 版
印　　次	2024 年 12 月第 1 次印刷
书　　号	ISBN 978-7-5550-3844-3
定　　价	68.00 元

如发现印装质量问题,请寄承印厂调换

总序

———

林金水

　　不同的文化都是在一定的地域环境基础上形成和发展起来的。福建以其独特的地理位置、自然环境，孕育、滋生、演化出福建文化特有的浓郁、鲜明的大山文化与海洋文化相融交织的地方特色。

　　福建素有"东南山国""海滨邹鲁"之称，负山傍海。其地势西北高，东南低。西北大山，武夷、杉岭诸山脉，位于闽赣边界，北接浙江仙霞岭，南通广东九连山。中部大山，"闽中屋脊"——鹫峰山、戴云山、博平岭三座山脉，呈东北—西南走向，切割福建南北，是内陆山区和沿海地区的划分线，绵延于政和、屏南、建瓯、古田、延平等地。文化本来就是在流动中吸纳百川，进步、发展、提升。然福建山海形胜，"山脉绵亘，道里崎岖，鸟道盘纤，羊肠迫隘，陆行百里，动需旬日"。春秋以前，福建北上通道与中原几乎隔绝，致使福建成为"化外之地"，文化长期处于"昙石"化、土著化的固化状态。

　　一个时代的历史确定了一个时代的文化。朝代每每更迭，福建文化活泼的元素因此一次又一次被激活。福建历代王朝统治者，对福建政治、经济、军事的管理、改革、开发，促进了福建文化的活跃、升级、发展。而满足福建文化交流、沟通、传播，又取决于陆路交通的开辟。秦代，福建并入秦朝，闽中郡设立。秦军入闽，取道"余干之水"，由江西信江，越武夷山脉，抵闽江上游一带，又沿闽江顺流而下，直达闽中郡的东冶（今福州）。闽北各地反秦起义，也取道"余干之水"北上，抵鄱阳。这是福建最早与中原各地来往的通道。汉初武帝时期，福州是当时海上交通的中心，由闽江口出港，南交交趾七郡，东接北方诸港。魏晋以降，孙吴入闽，设建安郡。晋末"衣冠南渡，八姓入闽"。福建至江西、浙江、广东三省陆路开通，中原汉族移民入闽，中原文化南传。北方汉人由闽北入闽，主要有三个通道：一由浙江江山诸山，经霞浦枫岭关入闽，分居浦城、崇安（今武夷山市）、建阳、建瓯等县的"福州官路"；一由江西鄱阳、铅山至崇安西北分水关入闽，分居崇安、建阳、建瓯等县，沿闽江水路到延平的"福州官路"；一由江西临川、黎川，经光泽西杉关入闽，分居光泽、邵武等县，循水路到延平会合"福州官路"。西路向东通道，由江西瑞金经汀州、清流，乘船下九龙滩，经顺昌会于延平，或避九龙滩，走将乐，经顺昌会于延平；向东南通道，由汀州陆路，经上杭、永定羊肠鸟道至漳州。东路，福宁、福州二府通道，由浙东沿海温州入闽，经福宁（今霞浦）、宁德、罗源、连江至福州。福建北、西、东环山通道都会合福州。大山陆路交通的开辟，将福建三分之二的区域连成一片，其余府县由福州南下，与莆田、泉州、漳州相连。福建陆路四方开通，形成福建与国内各地相互沟通，相互交流的联络网，对福建文化的发展、提升起着非常重要的作用。闽西北邵武、建宁、延平三府成了福建与外省交通的要冲，是大量北方汉民入闽的首居之地，以汉民族为主的福建主流社会开始建立。大山的力量，带来了中原儒家文化在福建的生根、发芽、发展、壮大，成了福建社会的主流文化。那是大山的文化。大山地灵人杰，孕育出一批福建文化代表性的大人物杨亿、柳永、朱熹、袁枢、真德秀、宋慈等。

宋元时期，陆路开通，大山文化与儒家文化相融一体日臻成熟。然闽道行阻尚未改变，而水路交通的重要性日益突显出来。除福州外，泉州、漳州二府地属晋江和九龙江流域，自然条件十分优越，既有泉州平原、漳州平原，又面向大海，对外海上交通便利。唐中叶，就已同东亚、东南亚，以及印度等国往来，福建对外贸易呈现"市井十洲人""船到城添外国人"的景象。宋元福建海外贸易空前繁荣，"海上丝绸之路"进一步开通，以泉州为起点和终点的交通航线六条：一、泉州至占城；二、泉州至三佛齐等地；三、泉州经马六甲海峡至印度、波斯湾；四、泉州经南三佛齐入波斯湾，沿阿拉伯海岸航行至亚丁湾及东非；五、泉州至菲律宾古国麻逸、三屿等地；六、泉州至高丽、日本。阿拉伯、波斯、印度、高丽等不同国家、不同民族、不同信仰的侨民纷至沓来，入居泉州。泉州成为福建对外文化交流的中心、"海上丝绸之路"的起点。另，明代漳州月港、清代厦门港是我国对外贸易重要的港口。海外各地不同文化在此交汇融合，盈溢着闽南文化浓厚的海洋色彩，标志着福建文化由内陆山区大山文化，由东北至西南向东南沿海地区转移，形成了大山文化与海洋文化相交织的、具有地方特色鲜明、内容丰富多彩的福建文化。其显著特征就是开放性、多元性、吸纳性，为福建文化传播走向世界，提供了非常有利的条件。

2024 年 10 月 15 日至 16 日，习近平总书记来闽考察时强调，要在提升文化影响力、展示福建新形象上久久为功。推进文化建设是新时代统战工作的实践要求。在当前风云变化、复杂多变的国际形势下，向世界阐释推介福建优秀文化，展示八闽文化的个性特征与品格，是我们义不容辞的责任。

本丛书是一套研究福建文化对外传播历史通俗性、学术性的著作。它主要面向海外港澳台同胞和海外侨胞，国内民族、宗教界等人士及世界各国人民。编者从全面系统、丰富多彩的福建文化中，筛选能体现福建文化本质特征的"闽都文化""朱子文化""闽南文化""客家文化""妈祖文化"五个专题，分别加以论述。

闽都文化 闽都福州，别称三山。国家历史文化名城，福建文化对外交流的重要窗口。现为海峡两岸融合发展、交流合作重要承载地。福州文化主体是侯官文化。侯官"历宋元明皆无更革,及万历八年(1580)废怀安县,以其地并入侯官,而侯官所辖之境益大焉"。侯官优越的地理优势,领明末清初福州中西方文化交流风气之先,形成了海纳百川、开放多元、文明灿烂的福州文化。西方对福州最早的认知,起于明末大学士叶向高在其故居芙蓉园与"西来孔子"意大利人艾儒略之间展开的一场东西方面对面的对话——三山论学,它在西方广为流传。之前,艾儒略在西门外福州书院(共学书院)作"天命之谓性,率性之谓道"演讲,将朱子理学思想传入西方。近代,1865年美国传教士卢公明《中国人的社会生活》一书,真实记录福州人的社会生活,图文并茂将福州文化的方方面面传入西方。当下,生活在海外的福州移民华侨,是福州文化对外传播的主角,从参与商贸交往、宗教传播、工艺交流、留学交往、思想文艺传播,乃至福州饮食,打造福州文化与世界各国文化相互沟通、交流、借鉴的平台。

朱子文化 它是福建文化的精髓,集濂学、洛学、关学、闽学之大成,是中国人的思想智慧。它从大山汇融到中原,从福建走向海洋,是福建特色地域文化成熟的重要标志。朱子文化阐释儒学义理,整顿伦理道,提倡通经致用,议政理事,经邦治国,使儒学重新回归到中国传统思想文化的主体地位。明末,它以儒家文化的思想,首次与入华耶稣会士利玛窦传播的天主之学展开儒耶之争。此后,耶稣会士以朱子理学——中国人的智慧传入西方。迄今,传遍世界各国,如法国、德国、英国、瑞典、俄国、加拿大、美国。东方,朱子文化从朝鲜、而日本、而越南、而新加坡、而泰国。朱子文化对外传播,越来越多元化、多样化,倍受海外侨民的欢迎。

本丛书与国内其他地域文化对外传播及福建对外交流史诸书相比最大不同的是,其主要内容,突出两岸文化的相通与交融,尤其《闽南文化在海外》《客家文化在海外》《妈祖文化在海外》等三部书。它们以具体、详细的资料，阐明台湾地域文化形成、发展，与发祥自福建的闽南文化、客家文化、妈祖文化影响是息息相关的。福建是台湾文化的根。郑成功治台时期将大陆主体文化系统全面地带进台湾。无论是生产技术、商业贸易等物质文化，还是政治制度、宗教信仰、文学艺术、教育科举、风俗习惯、方言俚谚、音乐戏曲、建筑雕刻、绘画美术、民间信仰等人文文化，大部分都是由闽南人、客家人的文化向台湾地区传播和延伸的。闽南文化和客家文化是台湾文化主体的源流。

闽南文化　闽南与台湾一水之隔，闽南人移居台湾并成为主体居民，将闽南文化带到台湾，使其在台湾传承与融合，深刻地影响着台湾文化的形成与发展。闽南文化的主要特征：崇祖重乡的生活理念、敢拼会赢的精神气质、重义求利的价值取向、山海交融的行为模式。台湾同胞说闽南话的人最多，约占全台人口总数的80%以上。台湾闽南话的语音系统和福建本土闽南话几乎没有差别。闽南文化作为中华优秀文化的重要组成部分，其中所涵盖的"敢拼会赢""和谐共生""山海交融"等理念与实践，是其在新时代新发展的不竭动能。在闽南话对外传播中，发挥闽南华侨华人的功能，激发闽南文化的活力，有助于更好地推动构建人类命运共同体。

客家文化　汀州、漳州二郡是纯客家人的地区。客家文化是由北至闽赣粤迁移、流动的中原文化。它与闽南文化、台湾客家文化形成三角相互交错、相互影响、相互借鉴的客家文化的主要特征。明末客家人是所有大陆人中最早移居台湾的先驱。项南指出，"客家精神的内涵是很丰富的，其核心在于团结和奋进"，"客家文化继承和发扬了中华文化的精华，长期迁移史又养成了兼收并蓄取其长、开拓进取不保守的民风，使客家民系具有强大的凝聚力和生命力"。客家文化范围极广，形式多样，有客家方言、服饰与饮食、客家民居、乡神崇拜、客家民俗、山歌船灯戏、宗教社会、客家民性、耕读传家、客家思想观念等。福建客家文化在台湾得到继承与变迁，诚如谢重光所言："从民系特有的性格，到岁时习俗、神明信仰、宗教心态，到流行和偏好的文艺形式，以及作为民系文化载体的方言等等，在台湾客家人中都得到全面的继承。"两岸客家文化的交融，在客家文化海外交流中走在了一起。

妈祖文化 以信仰作为福建文化对外传播的系列之一，妈祖文化充分体现了福建文化多元共存、共同发展的特性，是信仰文化与物质文化的融合体。它有具体可见的妈祖宫庙，从信仰中见建筑，从建筑中见信仰。福建文化的对外传播，在闽南文化、客家文化建筑中，又增添了妈祖文化建筑。台湾妈祖庙建筑亦深受闽南妈祖庙建筑风格影响。《妈祖文化在海外》以实物凸显了妈祖文化的真谛，以历史事实见证它在亚洲、美洲、大洋洲、欧洲、非洲世界五大洲传播，殊为难得。妈祖文化同样由福建移民的迁移而传进台湾。妈祖庙最早在明中叶由俞大猷在澎湖创建。台湾妈祖宫庙供奉的妈祖，均从湄洲分灵而来。不同祖籍的移民，供奉的神像不尽相同。湄洲岛一带妈祖庙分香入台，称为"湄洲妈"，泉州人的妈祖庙称为"温陵妈"，同安人的妈祖庙称为"银同妈"，妈祖佑两岸，银同是归乡。一定时间内，这些宫庙都要回福建本庙进香。当下，也有台湾宫庙分灵大陆各省和香港。两岸宫庙缔结的《结盟书》，有漳州银同天后宫与彰化南瑶宫的《结盟书》："缔结友好宫庙，永缔万世神盟"；湄洲祖庙与嘉义新港奉天宫的《结盟书》："为发扬妈祖信仰济世护航神圣懿德，发展乡邦宗教文化事业，增进胞谊亲情，敬修厥德，利用厚生，永结至亲，实赖神庥。"闽台妈祖文化是中华文化特殊而重要的一部分。妈祖文化的世界传播就是中国传统文化的世界传播。它与一带一路促进世界交通的连结是一样的，加强了世界各国文化与中国传统文化联系。两岸妈祖文化联袂对外传播，成为连接中外文化、沟通不同信仰、促进世界民心相通的纽带，融汇着世界多元的文化元素。2009年妈祖文化入联合国世界非遗名录。

福建文化从大山，走向海洋、走向世界，向世界各国人民传递的是：团结与奋进，发展与进步，友好与合作，信仰与沟通，文明与交流，安全与保佑。

福建以对文化自信与世界各国一道，为构建人类命运共同体做出了贡献。是为序。

2024年12月于金桥花园

（林金水，福建师大社会历史学院教授、博导，福建文史研究馆馆员。曾任省政协第八届、第九届委员、第十届常委。）

序

林 山

"星牵沧海云帆耸，浪系天涯纽带长。"历史上，郑和七次远洋航海，多是从福州长乐侍风启航。

福州地处我国东南沿海，"环山、沃野、派江、吻海"（《闽都记》），有"榕城"之美誉。城内于山、乌山、屏山三山鼎峙，闽江如玉带环腰，构成"三山一水"的城市独特风貌，故"三山"成为福州的别名。穿城而过的晋安河、白马河给福州增添了天生丽质的娇媚。古人称福州为"江城福地""海国蓬瀛""山川灵秀所都"。

福州历来是福建政治、经济和文化的中心，号称"八闽首府""闽中首邑"。闽都文化是指有史以来，生活在以福州为中心的闽江中下游地区人民共同创造的地域文化。闽都文化以闽越文化为基础、中原文化为主体，融汇了海外文化，具有领风气之先，开放和包容的鲜明特征。它涵盖了明清时期福州辖属的十邑，影响及于闽东广大地域，是几千年来福州人民培育的人文硕果。三坊七巷文化、船政文化、侯官文化、古厝文化、昙石山文化、福文化等是闽都文化的重要组成部分。

福州与海外交往的历史十分悠久，其原因盖出于依山向海的地理环境。《山海经·海内南经》曰："闽在海中。其西北有山，一曰闽中山在海中。"福州人的海洋基因，自人种初兴的史前时代便已经烙印在族群发展的血脉传承之中。福州自两汉以来一直是中国海外交通的国际性港口之一。

福州人凭借优越的地理位置，优良的港口条件，悠久的交流历史，高超的造船技术，熟练的航海技能，发达的海外航线，丰赡的地货特产，深厚的人文底蕴，把中国的特色物产、科技知识和思想文化传播到海外，同时带回海外的特有物产和风格多样的文化。通过不断增进与各国的交通贸易与文化交流，赢得良好国际形象和美誉口碑。直至近代，造就一批开眼看世界、引领新风尚的社会风云人物，留下了一笔宝贵的精神财富。福州"海上丝绸之路"在数千年的历史长河中保留了丰富珍贵的史迹遗存，见证了人类重要航海贸易中的活动轨迹，是古代海上丝绸之路的重要发祥地和重要门户。

"莫道重洋隔，真情胜比邻。"福州通过海上交通、移民、宗教传播、工匠的往来、物产移植、思想与文学艺术的传播、友好访问等途径和方式，源源不断地保持并开拓着与海外的文化交流。闽都文化也在这个双向互动的交流进程中不断丰富和完善自己。福州的海外文化交流是闽都文化最鲜明的个性之一。这又使它在整个中西文化交流过程中占有十分重要的地位。在与海外的长期交流中，福州不断内聚潜力，外向发力，探索实践不同文化之间的交流互鉴，在全国开风气之先，向世界展现了国际化城市的范型。

《闽都文化在海外》是反映闽都文化海外交流的一块奠基石和一座里程碑。作者是闽都文化研究院院长，深耕闽都文化多年，厚积薄发，全面梳理回顾了延续上千年的闽都文化海外交流传播史。凭借理论思考和田野调查的优势，条分缕析讲述了闽都文化在海外交流的主要途径、累累硕果和重要价值，深入浅出揭示了闽都文化海外交流的丰富性、开放型和包容性。既有宏观的历史视野，又有生动鲜活的福州人和闽都文化走向世界的精彩事例，较为全面展现了闽都文化丰富的海外交流文化积淀，兼具学术性和可读性，是人们了解和研究闽都文化海外交流和传播的重要窗口。

相信《闽都文化在海外》的出版能够推动新时代福州乃至福建的海外文化交流与合作，为推动中国式现代化的福建、福州实践不断做出新贡献！

是为序。

时届甲辰冬至

（林山，闽都文化研究会常务副会长，高级编辑，中国作协会员。）

目　录

壹

概述——闽都文化海外交流前世今生

——

福州滨江滨海，水上交通便利，是远古先民建城定居的首选之地。福州独特的地理位置决定了闽都文化海外交流有着独特优势和条件。福州人的海洋基因，自人种初兴的史前时代便已经烙印在族群发展的血脉传承之中。自古以来，福州人凭借优越的地理位置、优良的港口条件、悠久的交流历史、高超的造船技术、熟练的航海技能、发达的海外航线、丰赡的地货特产、深厚的人文底蕴，把中国的特色物产、科技知识和思想文化通过和平方式传播到世界各国，不断增进与海外各国（地区）的交通贸易与文化交流，赢得良好国际形象和美誉口碑。直至近代，福州造就了一批开眼看世界、引领新风尚的社会风云人物，留下了一笔宝贵的精神财富。可以说，福州自两汉以来一直是中国海外交通的国际性港口之一，从不曾缺席中国海丝发展史。丰富的海洋资源为闽都文化海外交流的持续繁荣发展奠定了坚实的基础。通过海上交通、移民、宗教传播、工匠的往来、物产移植、思想与文学艺术的传播、友好访问等途径和方式，福州源源不断地保持着与海外的文化交流。这种文化交流是双向互动的交流，闽都文化也在这个进程中不断丰富和完善自己。福州的海外文化交流是闽都文化最鲜明的个性之一。这种鲜明的历史个性又使它在整个中西文化交流过程中占有十分重要的地位。

闽都文化海外交流的独特优势和条件如下：

一 依山向海的地理位置

福州与国际交往的历史十分悠久，其原因盖出于依山向海的地理环境。《山海经·海内南经》曰："闽在海中，其西北有山。

闽王祠

一曰闽中山在海中。"背靠大山，向海开放。汉代作为冶都或东冶县的福州，是闽中首府，江海通津，交通便利。闽江汇集闽西、闽北溪涧之水，形成扇形、叶脉状网络，于冶都东南部入海。福州海湾因江深流阔、水流平缓，而成天然良港。三国卫温、诸葛直的战船已航抵海东的"夷洲"（今台湾），嗣后，隋朝海师也屡历该岛。晚唐著名诗人韩偓来闽投奔王审知时作诗称："中华地向城边尽，外国云从岛上来。四序有花长见雨，一冬无雪却闻雷。"他首来福州的感受与在中原各地所见迥然不同。他所谓的"外国云"，正是指海外众多来华贸易与进贡的船只和"蕃客"（商人和使者）。据记载，唐初福建全境人口仅有 22820 人，到盛唐的天宝年间，福州人口即达 75876 人，人口增长促进福建生产发展和社会进步。唐末五代，王审知命人开辟甘棠港，破除巨礁顽石，使"江海通津"，

开发出更多的海外航线，与众多海外国家交往通商，支撑起地方闽
王王国华侈的宫廷生活与向中央王朝的大量朝贡。所谓"开洋裕国"
最早应从闽王国开始。

二 便捷顺畅的港口

　　福州地处闽江下游，汇集闽西中北部的建溪、富屯溪、沙溪
三支流而流入东海，上连四郡，外通诸洋，便捷而顺畅。古代，自
闽江口以内至侯官、洪山桥一线，都是内外船舶靠泊之处，设有码
头及造船之所。闽越国时期，闽越王余善向汉廷自承，率八千水师
助伐南越国，然兵到揭阳却观望不进，但足可证明其水师实力之雄
厚。因为若加上东冶未出之水师，其规模当在万人以上。战舰靠泊
的港口必有多处，如加上百姓贸易与渔捞民船的靠泊地，可以想见
东冶湾内港道、码头之多。无怪乎《后汉书·郑弘传》载："旧交
趾七郡贡献转运，皆从东冶泛海而至。"七郡贡船自海外来，皆靠
泊于东冶港，其运载转输的货物必多，为之服务而役使的民夫亦众。
东冶港自汉代以来即成为海外朝贡贸易货物流转的中心港口。另据
清郭柏苍载："相传汉时，海舶碇于还珠门外。"今东街口一带古
为大航河，河边还珠门一带为外国海船靠泊之所，可知彼时东冶俨
然已是国际大商港。福州港于上古的海运地位可见一斑。唐代福州
港已经成为南方三大对外商港（还有广州、扬州）之一。五代王审
知治闽，推行适合该区域海洋文化发展的政策：他从治理福州对外
交通的航道入手，开辟甘棠港；增辟南通三佛齐、天竺的海外航线，
拓展传统的海贸空间；设"榷货务"，广泛开展对外贸易，八闽的
海运事业和国际贸易，比前代有了突破性的进展。在王审知发展福

建海洋贸易的逐项举措中，开辟甘棠港最具有传奇色彩。在甘棠港开辟之前，福州的海道狭小难行，一不小心往往会造成舟毁人亡的悲剧。为了拥有一个更便利的航道，闽王王审知下令开辟甘棠港，当时有块巨石横亘在江海中，成为开港的巨大阻碍。他很想将巨石凿掉，但工程浩大，用尽各种办法都无法如愿。但是王审知的诚意感动了神灵，有传说上天劈下了威力强大的天雷，也有传说神灵派遣非鱼非龙的神兽，摧毁了巨石。总之，王审知在上天的帮助下，疏通了航道，可以说，这是福州版的"愚公移山"故事。王审知将甘棠港作为福州外港，设"乌猪港"为福州内港，积极招徕外商，与朝鲜半岛、日本、东南亚诸岛等建立了商贸关系，许多外国船只云集于福州城，盛况空前。王审知制定适应当地的海贸政策，为福建海洋文化的发展开辟了更为广阔的舞台，为后世福建海洋文化的蓬勃发展奠定坚实的基础。此时入港的不仅有大量货物，而且有众多国家来的贡使、商人、僧侣及求学者。据记载，大庙山、开元寺、利涉门、宁越门、还珠门等处都有外舶靠港停泊，登岸入驻。福州港内"帆樯云集，商旅相继"，港外"潮通番舶，地接榕都，连五寨而接二茭，控东瓯而引南粤"。交通商旅的国家和地区有新罗、占城、三佛齐、天竺、大食诸地。到宋代，因福州城内水系发达，"蛮舶至福州城下"，致"百货随潮船入市"，"舟载者盈于门庭"。水上贸易达于城内居家，轻舟贩百货便于民户购用，生意自然繁盛。福州城外闽江边的卸货与交易之地在万寿桥、沙合桥边及城内外各道头与江边空地、上下航沙洲之上。南宋初，内河专设临河务以管理水上贸易。元代，税局虽设在泉州，海商为了逃税，往往从福州开航。著名福船新安船的基地港在福州，故该船多从福州开出。据记载，宋元时代，福州因城市美丽、物资丰富、人烟稠密、经贸繁荣、外国船舶尤多，因而号称"东南全盛之邦"，马可波罗称赞"此城为工商辐辏之所"，"此城美丽，布置既佳"。他

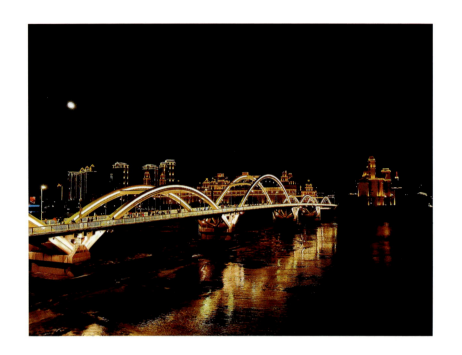

闽江

在游记中记载了闽江和福州的繁华:"沿着同一方向再走十五英里,就是福州城。这座城是行省的九大区域之一的总管管辖区。这个城市的中央有一条河横贯而过,河面宽一英里,两岸都建有高大豪华的建筑物。在这些建筑物前面停泊着大批的船只,满载各种货品,特别是糖,因为这里也出产大量的糖。有许多商船来自印度,装载着各种珍珠宝石,一旦售出,即可获得巨大的利润。这条河离刺桐港不远,河水直接流入海中,因此印度来的船舶可以直接到达这个城市……"明清时,福州港发展起白龙江(台江)北港和乌龙江南港诸处港埠码头,是朝廷唯一指定与琉球往来的港口。朝廷派往琉球的使者都要从福州登船出发,琉球来华的使者、商人、留学生也都要先到福州，福州的戏曲、歌舞等表演艺术亦在这频繁的交往中传入琉球。被誉为日本国宝的"明乐"，其鼻祖是福清人魏双侯，在明崇祯年间（1628—1644 年）赴日传艺。明初，郑和奉命七下西洋，皆驻泊于福州长乐太平港，修造船只，招添水手，筹集货物，补充给养，福州港成为其航海的补给站。成化十年（1474 年），福建市舶司从泉州迁至福州，琉球的封贡贸易与东南亚各国的朝贡贸易皆在福州港进行。"岁时诸番宾贡，海舶珍奇之货，率常往来于此"，福州港更加兴盛繁荣。明弘治十一年（1498 年），开凿直渎新港，而使琼水河与闽江通流，外国船舶方便直接开进河口码头。明代还在仓山上王（今临江境内）开港，以方便番船停泊，从而开启番船浦码头的先声。台江河口与帮洲一带商人萃聚、贸易兴盛，遂成"双航"商业中心。此时内河各大桥如高升桥、象桥、岛桥、太平桥、德政桥、澳桥，乃至安泰河七桥之畔，也都出现大大小小的港埠、码头和道头，方便船货装卸、销售。清初实行海禁，开放后设立闽海关，以管理对外贸易，福州港再度兴盛。1870 年，一位带着沉重摄影仪器的苏格兰摄影师，从台湾坐船来到闽江口，从这里进入福州。这位后来的英国皇家摄影协会会士到福州显然是有备而来的，因茶叶贸易而闻名全球的福州成为欧美诸多商人传教士的冒险天堂。汤姆森在《福州与闽江》一书中明确地写道："谨以此书献给居住在福州的外国人士，希望它成为一个永久的纪念，能够在将来帮助他们回忆起在中国这个最秀美的省份所看到的景色与经历的人生。"除了令西方人垂涎三尺的茶叶之外，这位摄影师最感兴趣的便是当时号称"远东第一大兵工厂"的马尾造船厂。他详细考察了船厂的布局和生产情况，其中包括厂房之间用于运输材料的铁路输送带、制造各种零部件的巨大机器和部分生产细节，以及法国人在当地开设的教授机械制图和操作的教学机构等。约翰·汤姆森在其游记中记载："其工艺水平可以和我们英国自己的机械工厂的任何出品相媲美而无愧色。"这个让当时来自工业强国——英国的摄影师都赞叹不已的马尾造船厂，是中国近代历史上不容错过的一笔。清初海禁之时，福州唯与琉球有封贡贸易往来，开禁后在福州中洲岛设海关衙署，对外贸易再度兴盛。经济贸易主要往日本，商船数居国内各港之首，主要的出口商品为生丝和丝织品。福州港与东南亚贸易亦颇为兴盛，多往咬留吧与麻六甲等地。西方国家最早是荷兰到福州进行试探性外交及经贸活动，开禁以后以通商为主；英国船则购买大量丝织品。清代福州与琉球的交通与贸易更加频繁，朝廷令在河口复设柔远驿，准许贡船带土产、货物、银两在闽贸易，规模甚大，官方指定十家"球商"专办贡使贸易事务。到晚清鸦片战争前，英国殖民者侦知福州地位重要，方便商贸，认为"就福州的地位与商业的便利来说，那帝国的城市在地位上很少比福州更适宜的"，并称闽江上游是"一切最好的红茶产地"，因此福州口岸又是理想的茶叶出口港。

三 四通八达的海上航线

福州海上交通滥觞于古越人的航海活动。早期或结筏航行，或乘独木舟水行，所行必不远。随着造船技术的进步和行船技能的提高，渐行渐远，由浅海而及于深海，其航线也在逐渐延长。先秦时史载"岛夷（越人）卉服"，但仍有向中原周王朝进贡的义务，他们通过海航入贡，航线是"沿于江海，达于淮泗"，即从福州一带沿江出海北上长航经过淮河、泗水，然后陆运到达周都洛邑乃至镐京。而到东汉，史载"旧交趾七郡贡献转运，皆从东冶泛海而至，风波艰阻，沉溺相系"。说明东冶的闽越人，担负海上运输与集中转运的任务，从西南各郡沿海到东北海航，直达于东汉首都洛阳，其航线之漫长可以想见。由史料还可知，这条海上运输线远途已达今中南半岛。东汉末年，天下大乱，有些人为避战祸，或避地会稽，"浮海客交阯"，或自会稽"浮涉沧海，南至交州，经历东瓯、闽越之国"。表明自会稽至交州，沿海几千里路已成越人和闽越人常行的海航路线，是一条畅通无阻的航线。汉代，还有东冶人向南太平洋岛屿航行、来往（经商）的记载。《后汉书·东夷列传》记载，有汉人从海上到达澶洲和夷洲的，前者指今菲律宾，后者应即今台湾岛。澶洲"人民时至会稽市。会稽东冶县人有入海行遭风，流移至澶洲者。所在绝远，不可往来。"到三国时期，东吴国主孙权"遣将军卫温、诸葛直将甲士万人浮海求夷洲及澶洲。"说明秦汉以来，我国东南沿海一直有着与海外沟通与交流的海道。汉晋时期，福州乃至福建沿海已形成历史上被称为"建安海道"或"晋安海道"的海上航道。如吴国在建衡元年（269年）也曾派军"从建安海道，皆就合浦击交阯"。当时的海上军事通道，实际上是其前或此后官民常用的贸易通道或与海外交往的海道。到六朝时期，由于海外贸易发展，福州与海外各地的经济往来更加频繁，史书以"舟舶继路，商使交属""商舶远届，委输南州"形容航道之远与来舶来人的频密。东冶港作为重要基地，北通江浙，南至交阯，是为传统海道。随着海外交往日渐频繁，晋安（建安）海道使用日多。南朝梁时，晋安太守陈宝应"自海道趋于会稽贡献"；南朝陈文帝进攻陈宝应也是"自海道袭晋安"。南朝时，因"晋安独丰沃"，海外遣使贡献者不下十余国，此时"航海岁至，逾于前代"。唐代，朝廷对南方沿海的海外贸易持开放和鼓励的态度，因而福州海路通畅，海外贸易交往更加兴盛。唐诗人称赞福州"云山百越路，市井十洲人。执玉来朝远，还珠入贡频。"新罗僧人慧轮还曾"泛舶而陵闽越，涉步而届长安"，也是通过海路来大唐的。福州因此出现"万国之梯航云集"的壮观景象。当然，对这种冒险求利的现象，也有文人表示深切的忧虑。唐末五代诗人黄滔就曾作诗劝诫曰："大舟有深利，沧海无浅波……鲸鲵齿上路，何如少经过。"可见在文人眼里，海上航路无异于鲸鲵口中的险途。隋唐至五代，福州对外交通、贸易迅速发展，开辟了许多条海上交往的航线，通商地区不断扩大，交往国家日益增多。如在传统的通往中南半岛、马来半岛的航线之外，还开辟多条新航线：福州向东北至新罗、日本；福州向南至三佛齐等地；福州向西往印度、大食、波斯等国家和地区。六朝至唐宋，福州怀安窑陶瓷远销海外多国，由此连接起东北亚、东南亚各国的贸易航道，形成外销货物的重点。福州对外贸易不断繁荣发展，因而被称为"闽越都会""东南重镇"。因此晚唐诗人周朴有诗句曰："海水旋流倭国野，天文方戴福州城。"航线畅通，福州城常聚许多外国人，"闽越之间，岛夷斯杂""船到城添外国人""海夷日窟，风俗时不恒"。外国人众，市风难保常态。宋元时期，福建海外贸易臻于鼎盛，福州因广有木材并多良匠，造船业大发展；航海技术进步，可以利用指南针、牵星术以导航、定位，对于确定航线大有助益。福建海航所到达的国家和地区也显著增长，从唐代记录的 10 个，增至宋代的 53 个，元代更猛增至 99 个。福建海商的活动范围不断扩大，商贸活动日趋活跃。宋代蔡襄《荔枝谱》载，福州荔枝远销海外，"舟行新罗、日本、琉球、大食之属"。可见东、西二洋皆有航线。因此福州港口有"海舶千艘浪，潮田万顷秋"的繁华。宋代，实行"开洋裕国"政策，福建海上交通贸易十分发达，"凡滨海之民所造舟船，乃自备财力，兴贩牟利"。福州商人从各港口出发，北上日本和朝鲜半岛的新罗、高丽，南下南洋群岛的三佛齐、渤泥、麻逸、三屿、苏禄等国，中及中南半岛的占城、真腊、暹罗、安南、交趾诸国，西南则远去大食、波斯、班达里、细兰、故临等国。明代，福建航海业仍保持领先地位，从福州港口出海者有至安南、占城、交趾、暹罗、琉球、日本、满剌加等国。到日本贸易十分方便，"从福海中开洋，不十日直抵倭之支岛，如履平地"。清代"五口通商"后，福州一度成为著名的"世界茶港"，以茶叶为主的对外贸易十分兴盛。后来茶叶贸易虽然衰落，但福州因"西风东渐"而又成为中外文化交流的重要窗口。

四　兴盛繁忙的货物贸易

福州有着丰富的海洋资源，境内海岸线绵长曲折，港湾岛屿星罗棋布，沿海岛屿 500 多个，这一切无疑为福州开展对外交往并成为海上丝绸之路的重要门户和发祥地创造了有利条件。福州作为贸易港口，自古以来凭借交通便利和物产丰富的优势，逐步发展起兴盛的海外贸易，成为古代国际贸易重镇和海运中心。早在汉武帝时期，位于闽江口附近的东冶港就是其时闽越国对外海上交通和闽江上下游航运的重要口岸，"旧交趾七郡贡献转运，皆从东冶泛海而至"。旧交趾七郡即南海、苍梧、郁林、合浦、交趾、九真、日南，位于今广东、广西南部和越南北部，东冶，即今福州。三国时期，东冶港是吴国重要的海上活动基地。黄龙二年（230 年），孙权派遣将军卫温、诸葛直率甲士万人"浮海求夷洲及亶洲"，建衡元年（269 年）于此设"典船校尉"，东冶港成为吴国的造船基地。不仅如此，东冶港在吴国的对外军事行动中也占据重要地位。据《三国志·吴书·孙皓传》载，建衡元年，吴国出兵袭击交趾，吴王孙皓即派"监军李勖、督军徐存从建安（今福州）海道，皆就合浦击交趾"。从汉代至隋朝的 800 多年间，东冶港一直是南北海上交通的重要中转口岸。唐、五代时期，福州港则一跃而成为直接对外贸易的港口，对外贸易十分繁荣。王审知治闽时期（897—925年），积极发展对外贸易，开辟黄岐半岛的甘棠港为福州港的外埠，"招徕海中蛮夷商贾"。一时间，甘棠港"帆樯云集，商旅相继"，成为"潮通番舶，地接榕都，连五寨而接二茭，控东瓯而引南粤"的著名货物集散地，吸引了新罗、占城、三佛齐、天竺、大食等国家和地区的货船前来贸易。为专门管理船舶货物的征税事宜，王审知还设置了"榷货务"，表明当时港口贸易的兴盛，福州港成为福建当时与泉州齐名的两大对外贸易港口之一。宋代在继承五代闽国对外贸易发展的基础上，于福州港开辟了海外航线，与新罗、日本、东南亚、印度、阿拉伯及非洲诸国都有贸易往来。蔡襄《荔枝谱》有云"舟行新罗、日本、琉球、大食之属"，足见海外通商之广，福州成为"海舶千艘浪，潮田万顷秋""百货随潮船入市，万家沽酒户垂帘"的繁华港口城市。明朝初年，东南沿海一带的倭患和反明势力猖獗，朱元璋厉行海禁，先后两次颁布"禁濒海民私通海外诸国"，甚至"禁民间用番香番货"，福州的对外贸易因此受到严重打击，福州港因此萧条。延及明成祖朱棣即位，宣布"诸番国遣使来朝，一皆遇之以诚，其以土物来市易者，悉听其便""贡使者往来以礼迎送"，海禁稍弛。尤其是永乐三年（1405年）至宣德八年（1433年）年间，郑和七下西洋均驻舶福州港伺风开洋，福州港成为"补给站"，其知名度大大提高，福州的对外贸易逐渐复苏。郑和七下西洋的过程对福州的海外贸易产生了积极影响，而福州与琉球的友好往来更促进了福州港的繁荣，明成化十年（1474年）福建省管理对外贸易的"市舶司"也从泉州移至福州，福州再度一港独尊，琉球以及东南亚诸国的朝贡贸易皆出入于福州港，"岁时诸番宾贡，海舶珍奇之货，率常往来于此"。清初，为遏制郑氏政权反清复明势力，清政府于顺治十八年（1660年）至康熙二十二年（1683年）实行了长达23年的禁海迁界政策，福建沿海居民"尽令迁移内地"，福州对外贸易遭遇到了空前浩劫，除与琉球维持有限的往来外，其他贸易几陷断绝，福州港陷于瘫痪。清康熙二十三年（1684年）开放海禁，并在福州设立闽海关管理对外贸易，福州的对外贸易再度兴盛，在中国对东南亚、日本的贸易中扮演了重要角色。鸦片战争以后，福州被迫开放为通商口岸，对外贸易走向畸形发展而日渐衰落。但是，另一方面，福州却成为对外开放的窗口，在中西文化的交流中起到了桥梁作用。

闽都文化海外交流的主要途径有：

1. 海上交通和商贸交往。福州海外移民在国外从事商贸活动从古至今，而商贸活动必定会带来文化的交流。福州贸易港口的崛起是在唐五代时期，那时世界格局发生变化，海上交通逐渐发展起来，福州通过贸易港口进行对外文化交流。例如当时的福州瓷器，随着商品生产的扩大和海外交通的进步，成为福建对外交流的重要内容。宋元时期福建与高丽交往密切，从港口出发去往高丽参与贸易的为117次，其中福州有2次。在贸易过程中，宋朝政府和高丽政府还通过福建商人转达双方修好意旨和进行文化交流的愿望。

2. 宗教传播。如明末清初，福清黄檗寺高僧隐元法师东渡日本弘法，创立黄檗宗。他随舟携去大量文化典籍，还带有书画、美术、音乐、刻书、天文、历算及手工艺建筑、造船等专业技术人员，包含了闽文化的诸多门类。

3. 移民与工匠交流。明初，朱元璋为加强与琉球关系，赠遣闽人三十六姓，其中包括治学、教育、书算、建筑、造船以及工匠等各类人员，是闽都文化的一次大量东移。永乐以后，郑和七下西洋，在长乐驻泊、候风开洋，其间从福州招募许多水手和各类专业技术人员，他们随船出行，使闽都文化又一次广泛远播。明初至清代，福州琉球馆招收琉球"勤学"生，"读书习礼"，使之"通于诸书，达于众礼"。他们中还有许多人，来福州学习各种专业知识与生产技术，闽都文化就此持续地远播海外异域。

4. 留学与学者交往。 宋代高丽王城"多闽人因贾舶至者"。除丝、瓷商品外，福建还应高丽王朝要求，提供建本书籍或雕造经版，招募医药、绘画、雕塑专业技术人员。长乐人陈日照以才学被立为安南国王，教化施及异域。

5. 思想与文学艺术的传播。 早期的闽都文化主要通过商贸形式输出一些器物。到了唐宋之后，不仅输出更加丰富的器物（如瓷器、丝绸等），还开始输出佛教典籍、汉语言，到了明清时期特别是郑和下西洋和中琉朝贡贸易时期，福州对域外传播的中华文化则进入全方位阶段，既包括饮食、建筑等物质文明，也包括了科举制度、宗教和民间信仰、书画、戏曲等精神文明。

回顾前瞻，作为福州人我们都应当深感幸运，洋溢自豪。溯源初始，作为"岛夷""南蛮"的洪荒初民，从衣着"卉服""织贝"、进贡"海蛤""文蜃"的原始状态，经东汉冶城成"贡献转运"之枢纽，到六朝闽中"篙工楫师"之驰骋江海；从初建州郡的"户籍衰少"到盛唐时的"东南重镇"；从晚唐的"文儒之乡"到南宋的"海滨邹鲁"；从明清初的"禁海"锁国到近代的开放通商。福州不断内聚潜力，外向发力，在全国开风气之先，向世界展现国际范型。

贰

闽都文化发展历程

——

2023年6月2日，习近平总书记在考察中国国家版本馆时指出："我在福州工作的时候，就知道福州有琉球馆、琉球墓，和琉球的交往渊源很深，当时还有闽人三十六姓入琉球。"习总书记的讲话深刻阐明了福州的海外文化交流渊源深厚，历史悠久。

福州历来是福建政治、经济和文化的中心，号称"八闽首府""闽中首邑"。福州位处我国南方亚热带区域，气候温暖，雨量充沛，植被茂盛。地理上依山傍海，平原与丘陵交叉，水网密布，大江小溪穿城而过，物产丰茂，交通方便，独具山水园林城市风貌，有"榕城""温泉城"之雅称，还有"江南胜地"之美誉。城内有于山、乌山、屏山三山鼎峙，闽江宛如玉带环腰，穿城而过，具有"山在城中、城在山麓中"的美景，构成"三山一水"的城市独特风貌，故"三山"成为福州的别名。壮丽的群山为福州塑造了伟岸安宁的气势，丰富的水源给福州增添了天生丽质的娇媚。古人盛称福州为"江城福地""海国蓬瀛""山川灵秀所都"。

一 闽都文化的形成和发展阶段

闽都文化是指有史以来，生活在以福州为中心的闽江中下游地区人民共同创造的地域文化。闽都文化以闽越文化为基础、中原文化为主体，融汇了海外文化，具有领风气之先、开放和包容的鲜明特征。三坊七巷文化、船政文化、古厝文化、昙石山文化、寿山石文化、温泉文化、"福"文化等是闽都文化的重要组成部分，林则徐、沈葆桢、严复等是闽都文化的杰出代表。闽都文化在福州这块沃土上成长起来，成为具有鲜明特色的区域性地方文化。它涵盖了明清时期福州辖属的十邑，影响及于闽东广大地域，是几千年来

昙石山遗址

昙石山遗址

福州人民培育的人文硕果。

按照历史学者的研究，闽都文化的形成和发展大约可分为六个阶段。

（一）初始阶段——远古至汉初。距今约6500年至4500年前的新石器时代，土著的闽族人即壳丘头和昙石山人形成氏族部落，学会制作和运用石、骨、玉、贝等器具和陶网坠，特别是夹灰陶，他们从事渔、猎活动，并开始饲养畜类和进行简单的农业劳动，他们崇拜蛇，以此为图腾。距今约3600年至3100年的青铜器时代，出现大量几何印纹硬陶，有相当高的技术水平，无论造型和装饰都富有仿铜器的色彩，这是进入鼎盛时期的闽族文化的表现。战国时期，越王允常聘欧冶子在闽地炼剑，至今留下欧冶池及其传说。公

冶山欧冶池

西湖

元前 202 年，无诸在东冶建立闽越国，筑冶城，兴冶炼业，不仅有铁制的兵器，而且有铁制的农具和手工业工具，闽越人已过着"饭稻羹鱼"的生活。这是福州历史上文化发展的第一个转折时期。

（二）雏形阶段——三国、晋、南朝。孙吴历经六十二年，五次用兵入闽，取得对全闽的统治，使闽江下游的生产、商贸和海上交通得到发展，闽江上出现"弘舸连舳，巨舰接舻"的盛况。晋太康三年（282 年），晋安郡守严高修筑子城，凿东西湖，利于灌溉，闽都农业生产已摆脱火耕水耨状态。这里设立典船校尉，专司造船，还设有温麻屯等颇具规模的造船工场。永嘉之乱后，"衣冠南渡，八姓入闽"，出现了闽都与中原人民的第一次大规模融合，进一步促进闽都社会文化的发展。福州地区开始种植水稻，培植水果，并织出上乘的锦缎，陶器工艺进入全国先进行列，寿山石雕已有石猪等工艺品产生，宗教文化传入闽都，佛教的乾元寺、道教的城隍庙都已兴建。

（三）成长阶段——隋、唐、五代。唐中叶以后，福建观察使李椅、常衮重教兴学，使福州人才初露头角。福州地区的农业生产又有所发展，开始种植双季稻，出现冬耕，闽荔已成贡品，"方山露芽"为全国名茶，侯官为全国盐铁的十监之一，全省六个盐县，福州占其四。五代时期实现福州与中原人民的第二次大规模融合，这是福州历史上的又一个转折时期。王审知治闽二十九年，大力兴修水利，围海造田，促进农业生产；利用濒海优势，开辟甘棠港，发展对外贸易。同时，加强城市建设，先后修筑罗城、夹城，福州成为福建的中心城市。他还重用人才，大兴"四门学"，使闽都文风大振。唐、五代福州文化的发展，为宋代的文化繁荣奠定了基础。唐文化对闽都语言的影响也很深远，至今福州话中还保存许多唐音。五代的宗教文化也格外兴盛。闽王崇奉佛教，福州寺庙大兴，"城里三山千簇寺，夜间七塔万枝灯"。而且出了许多名僧，禅宗五宗的创始人几乎都与福州有关。

（四）形成阶段——两宋。北宋末至南宋，随着全国政治中心的南移，闽都实现与中原人民的第三次大规模的融合。从天宝陂到祥符陂，水利工程建设的水平大大提高，还发明了龙骨水车，便利灌溉。当时福州已普遍种植双季稻，成功引进占城稻，并向江浙各地推广，还引进棉花生产，也有了茉莉花茶加工，福州已成为全国有名的果园区，还会生产冰糖。城里设立官办的文绣局，丝织品质量列为特优，陶瓷生产达到新高度，已分黑、白、青瓷三种。印刷业十分发达，举世闻名的释、道三大藏——《崇宁万寿大藏》《毗卢大藏》《政和万寿道藏》都在福州刊刻。造船技术达到全国一流水平，而且民间造船业兴起，宋绍兴十年（1140 年）朝廷下令在福州一次造舟千艘。宋学的价值观启导着福州的文化进步。这时，福州成为文化名邦，文风昌盛，甲于东南。不仅张伯玉、蔡襄、程师孟、曾巩、李纲、陆游、赵汝愚、朱熹、梁克家、辛弃疾、文天祥等名家的事业和文名留在福州，而且闽都涌现出理学名家"海滨四先生"（周希孟、陈襄、陈烈、郑穆），更有闽学主要传播者和奠基人黄榦，承先启后的豪放派词人张元幹，音乐理论家陈旸，画龙名家陈容，民族诗人、画家郑思肖等杰出人物。两宋间福州地区共举进士 2247 人，居全国各省城第一。

（五）**发展阶段——元、明、清**。福州的商业继续发展。第一座横跨闽江的石桥万寿桥和"江南第一佛"福清瑞岩弥勒石像，也都在这一时期建造的。明代福州，对外贸易进入鼎盛时期。郑和七次下西洋，都在这里候风补给，从而促进了福州与南洋的交往，也繁荣了福州的工商业，奠定了它在全国对外贸易中的重要地位。成化十年以后，福州更成为福建与琉球贸易最有活力的港口。福州的造船业跃居先进水平，高大如楼的"福船"成为海内外闻名的船型。明初，由于实行屯田、垦荒、水利等恢复经济的措施，城乡经济复苏，海外又传入番薯、花生、烟草和玉米等新种，使福州农业生产更加多样化，特别是长乐人陈振龙引进番薯，不仅有利渡荒，而且有益于提高粮食产量。明中叶以后，商品经济日益发展，并孕育着资本主义萌芽。福州的手工业作坊林立，纺织业发达，尤其弘治年间，民间织造工人林洪发明"改机"，提高丝织品的产量、质量，增加花色品种，使福州成为"丝城"。同时，矿冶业、造船业乃至果林业都出现雇佣关系，大大促进商品生产。经济的繁荣推动文化的发展，诗歌尤为发达。明初，以林鸿为首的"闽中十才子"活跃于诗坛。张经、陈第在戎马倥偬中也写下不少爱国诗篇。明中叶，郑善夫与中原名家旗鼓相当。傅汝舟、高濲成就也较高。晚明，邓原岳、徐熥、徐𤊹、谢肇淛重振闽中风雅。曹学佺则被认为是万历中期至崇祯年间全国诗坛的名家。同时，叶向高等人为传播经商文化作了努力。明末清初，福州闽剧、评话、伬艺异军突起，颇有后来居上之势。

（六）成熟阶段——近现代。 鸦片战争后，福州一方面由于帝国主义列强的入侵，经济造成破坏；另一方面也因入侵，为中西交往打开大门。尤其是洋务运动中，福建船政勃起，独树一帜，带动了福州机械工业、轻工业、交通运输业以及矿产业的发展；农村经济有损有荣，由于粮食生产发展迟缓，迫使农民大量扩种番薯，其他茶、蔗、柑橘、龙眼、荔枝等产量也都有提高。福州辟为通商口岸，也很大地促进了茶叶贸易的拓展，马尾港茶叶出口额最多时占全国茶叶出口总额的30%—40%，木材的输出量大有增加。1895年，中日甲午战争中国战败，又一度刺激福州民族工业的发展，开始兴办公用事业和交通事业。经济的进步带来了发达的文明，也更加促进了中西文化和技术的交流。改革旧学，提倡新学，"中学为体，西学为用"一度时兴；船政文化演绎着海文化，推动近代海军和近代科学迅速发展。外国教会进入福州传教、办学，客观上促进了福州现代教育的进程。清末，福州已办起16所教会中等学校，多数附设小学；同时，还有4所官私办大学、12所各类官办学堂。民国时期，福州地区的教育事业有了更大的发展。20世纪20至30年代，闽都文化日趋繁荣，闽剧、评话进入了兴盛时期。中华人民共和国成立后，在党和政府的重视下，闽都文化迈入新的发展时期，特别在研究梳理、传承普及、保护开发、品牌培育等方面取得积极成效。加强理论研究，形成了一批研究成果；加强三坊七巷文化、船政文化、侯官文化、古厝文化、上下杭文化、温泉文化的挖掘保护，一批有代表性的闽都文化遗迹得到有效保护；加强品牌培育，形成了船政文化、三坊七巷文化、寿山石文化、"福"文化等特色文化品牌，进一步提升了福州城市软实力，不断扩大福州城市影响力。

侯官镇国宝塔

三坊七巷

上下杭

二 闽都文化的基本品质和主要特征

从闽都文化发展过程可以看出，闽都文化的产生和发展，始终与本地区的自然、人文生态环境密切相关。正是这些环境条件，培育和造就了独具特色的闽都文化；也是这种独特的文化生态环境，锻造了闽都文化的基本品质和主要特征：

闽之都。福州是历史悠久的文化名城。"闽都"一词有着悠久、深厚的历史渊源，系指闽越王无诸于汉高祖五年（公元前202年）筑城于"东冶"后，历2200多年的历史变迁，清代渐趋定型的福州地区。早在宋代，名宦梁克家在任福州知州期间编纂的《三山志》中载，闽县县治之前立有牌坊称"闽都坊"，作者特加旁注说明"旧曰闽会"，可知福州城在宋时已称"闽会""闽都"；明代的时候，王应山著有《闽都记》；清代时，又有里人何求编著的《闽都别记》。闽都文化是以福州城区为中心的都会文化。福州两千多年来一直是行政施治之中枢，从而形成持续发展的城市核心与中轴线。历史上六次建城和拓城，均沿中轴线自北向南延伸，自中间向东西两翼扩展。与此相适应的是福州历史文化的沉淀与积累、丰富与发展。从对鼓楼遗址地的考古发掘中可以看到：由汉晋到明清，七个历史文化层如同古木的年轮，刻印着城市发展的脉络，保存着闽都文化存续的记忆。

文之脉。福州是英才辈出的文化名邦。作为两千多年来的行政施治之中枢，福州拥有优良的教育与文化资源，荟萃众多政治和文化精英，发展并积淀了丰厚的传统文化。作为中原汉人南迁入闽最早的定居点之一，福州深受中原文化影响。作为全省政治、文化中心，历代地方政府崇文重教，使福州文教从唐宋开始即繁盛一时，领先于全国大多数城市，成为"海滨邹鲁""理学名邦"。移民外来文化见容于福州土著，且以其优势改造提升土著文化。闽都文化与生俱来体现出一种多元包容性，这种多元包容的文化特性主要体现为思想观念上的"开风气之先"。早在宋代，就有福州"海滨四先生"成为闽学先驱；近代以来，更有一大批名人志士或启蒙一代思想、倡导变法维新，或创办新式学校、启导中西文化交流，或着力工业和科技发展等，有力推动了中国近代的历史进程。同时，开放包容的文化土壤培育了福州人"天下兴亡，匹夫有责"的爱国精神，富贵不淫、威武不屈的高尚气节，勇于反抗、敢于牺牲的大无畏气概。如，林则徐"苟利国家生死以，岂因祸福避趋之"的高义，严复"强国保种"的志向，林觉民"为天下人谋永福"的情怀，林白水以"卧薪尝胆雪耻复仇的决心"从事"救国的事业"的胆气，

林则徐纪念馆

以及"二七"烈士林祥谦、早期工运领袖王荷波等革命先烈，福州人抗击倭寇、反抗日本侵略的壮举等，都是这些品格的写照。福州是个著名的港口城市，历来海外贸易发达、对外文化交流频繁。本地民众素来有跋涉重洋、海外谋生的传统，至今遍布世界各地的福州籍海外乡亲有 400 多万。闽都文化亦随着商贸、文化交流活动和移民的足迹广为流播。如，福州涌泉寺、西禅寺在东南亚都有廨院；日本黄檗宗则起源于福清黄檗山万福寺；福州是闽台乃至东南亚上千万临水夫人信众的朝拜祖地；闽侯人周子和是日本上地流空手道的鼻祖，其影响及于美、加、法、英等十几个国家和地区。因此，福州的历史文脉源远流长，文化遗产蔚为大观。

水之韵。福州是中国海洋文化的重要代表。一碧如练的闽江浩浩荡荡从武夷山脉奔流而下，注入东海。在闽江与东海的交汇处有一座城市，被法国诗人保罗·克洛代尔誉为"花与蜜"的港城——福州。这是一座备受海洋恩宠的城市：福州海域总面积 11 万平方公里，约是陆地面积 9 倍；海岸线 963 公里，占福建省海岸线总长的三分之一；沿海多天然良港；沿海岛屿多达 545 个，其中平潭岛为福建第一大岛，全国第五大岛。福州闽东渔场的南部和闽中渔场的北部，浅海面积 197.4 万亩，滩涂面积 36.6 万亩，可围垦区 82.2 万亩，均居全省沿海各地市的首位。丰富的海洋资源为福州海洋文化的持续繁荣发展奠定了坚实的基础。"脱光背吃蛤，穿棉袄吃蛎"，福州人对贝类的偏好可以追溯到史前时代。昙石山文化遗址几乎都是由闽先民们丢弃的贝壳、螺壳堆积起来的，有的地方厚 3 米左右，考古学上称之为"贝丘遗址"。对今天的人们而言，贝壳是鲜美的食物，而对昙石山人而言，贝壳可不仅仅用来维系生命！从层层叠叠的贝壳堆积层中，人们还找到了贝刀、贝铲、贝针等工具，它们极具鲜明的海洋特色。昙石山先民们拿着贝壳制成的刀、铲等觅食，用贝壳磨成的针缝制兽皮或树皮。正是由于对海洋的不断思考和探索，昙石山先民们以贝壳为工具，征服自然改善自身，提高了自己的生存条件。昙石山遗址博物馆中还陈列着一艘南北朝时期楠木独木舟，昙石山的先民们便是乘坐着这样的独木舟在海里乘风破浪，捕捞鱼类和贝壳，甚至远航到远离大陆的陌生海域。昙石山先民们所使用的独木舟拉开了福州造船航海序幕，彰显了昙石山人滨海亲水的生活习性。更有独木舟的图片与实物，昭示昙石山文化与"南岛语族"文化的渊源关系。所谓"南岛语族"，是指现今广泛分布于亚洲东南至太平洋群岛等海洋地带、民族语言亲缘和文化内涵相似的土著族群，该语系包括 1262 种语言，使用人口约 2.7 亿。据中外专家学者深入研究发现，无论是在体形、遗传基因还是出土文物上，南岛语族群体都和闽族祖先有着惊人的相似，以福建沿海为中心的中国东南沿海一带被认为是南岛语族的最早源头。 2010 年，法属波利尼西亚独木舟协会组织了一场跨越五千年的"寻根之路"活动。他们驾驶一艘重约 1.5 吨，长 15 米，宽 7 米，没有配备任何人工动力、导航设备的仿古独木舟，借助星象、季风和洋流，从南太平洋上的法属波利尼西亚大溪地出发，途经 10 个国家和地区，历时近 4 个月，经过 1.6 万海里的航行，于 11 月 19 日凌晨抵达目的地——中国福州，并将这次活动的首站选择在了昙石山遗址博物馆，进行特殊的"寻根之旅"。正如法属波利尼西亚独木舟协会会长凯达布所说，虽然我们的宗教信仰来自欧洲，但从人类学上来讲，我们的根在中国。汉代时，东冶（今福州）是全国四大对外港口之一，开辟了与中南半岛的交通航线，并在往后的岁月中进一步开辟了与日本、夷洲、亶洲的航线，成为中国东南最重要的海上交通枢纽。唐、五代时期，福州成为中国三大港市（广州、福州、扬州）之一。五代时，王审知疏浚航道，开辟甘棠港，大力发展海洋贸易，为福州港的持续繁荣创造了有利条件。宋元期间，作为中国重要的对外港口，福州继往开来地在海内外人员往来、物资贸易、文化交流等领域推动中国与世界的深度对话。明代时，郑和船队自此地扬帆起航七下西洋，书写了世界航海史上的经典篇章；明成化十年福建市舶司从泉州迁至福州后，福州成为明清时期中国通琉球的唯一官方口岸。清代船政兴于马尾，福州成为洋务运动的主要基地；茶叶贸易的繁荣，使其成为西方人眼中中国对外最重要的通商口岸、最有利的茶叶外销港；中外文明的交融荟萃，使福州成为中国的"翻译家之乡"。海洋为福州带来财富，也带来机遇与挑战。"海纳百川，有容乃大"——林则徐的名言成为福州人共同认可的城市精神绝非偶然，这是对福州海洋文化传统的高度概括，也是对闽都精神的形象把握。

福之缘。福州是物华天宝的有福之州。福州为"有福之州"源于自然，堪称"天赐之福"。"福"文化是闽都文化的重要组成部分，是闽都文化的优秀基因。作为全国唯一以"福"字冠名1300年的省会城市，福州早有"江城福地""福城""有福之州"等美誉，拥有深厚的"福"文化底蕴。据史料记载，"福州"称谓始于唐开元十三年（725年），因城西北有福山，故得名。而福山何以谓"福"？据《郡国志》记载："上有神人裸身散发，人见之必获福，因名。"民间传说认为，福州老城格局就似一个草书的"福"字。"福州"之名，还衍生出众多带"福"的路街、巷弄、村落、厝井、寺观乃至人名、民俗。"七遛八遛，莫离福州"这句福州方言，道出了多少身在异乡的福州人对"有福之州"的无限眷恋。福州之"福"，还在于"舌尖之福"及丰富的物产。"逢兵不乱、逢饥不荒"是"有福之州"的典型写照。元代，马可·波罗来到福州，他在日记里记载福州一年四季都产出"优质美味的水果"，并赞美福州有许多"赏心悦目的园林"，是"桥最多的美丽水城"。福州众多独特的自然资源、物产，都蕴含着美丽的传说和美好的象征。福州出产的寿山石，特别是田黄石，蕴含着"福（建）、寿（山）、

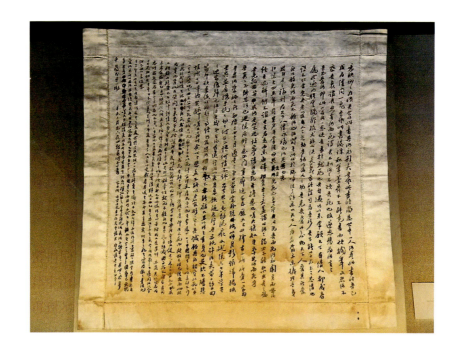

与妻书

田（黄）"的意义，为清朝历代皇帝祭祀所用。拥有千年历史的茉莉花茶，传说是由花仙在福州新店变成的"抹丽花"与其丈夫在福州茶会变成的茶叶混在一起窨制而成的，苦茶变香茶，寓意"夫妻团圆"。此外，脱胎漆器、纸伞、角梳、软木雕刻等，大都蕴含着"求福""祈福""惜福"之意；福船、福橘、福果（橄榄）和太平面等，无不寄托了福州人对幸福生活的期盼和祝愿。福州之福，还体现在民俗风情中。福州代代相传的"做福"习俗，一般利用神诞日，在宗祠宫庙中摆酒祈福，仪式主持人称为"福首"，所出餐费为"福份"，入席券为"福券"，酒席为"福餐"。福清灵石山国家森林公园内有一块"福"字石，系清道光年间所刻。据史料记载，只要摸到"福"字石顶端，就能看到涧亭下的香石，该香石"手摩有香气"，摸者福分无穷，因此当地留下了"摸福"的传统习俗。此外，福州的历史建筑上也体现着"福"文化，在三坊七巷、上下杭、梁厝等历史文化街区，很多历史建筑上仍依稀可见先人的祈福文字。自古以来，福州人有着各种"福"文化的内涵传承与外在表达，从林则徐"苟利国家生死以，岂因祸福避趋之"的决然，到林觉民《与妻书》中"当亦乐牺牲吾身与汝身之福利，为天下人谋永福也"的豪情，人们一直延续着这种"造福"精神，进一步丰富、充实了"福"文化的内涵。

福州经历了许多世代的自然进程，由原始的木舟发展为高大的楼船，由简陋的道头发展为繁华的港埠，由小心翼翼的靠海航行发展为无远弗届的大洋利济，由土产地货的职贡发展为丝瓷珍宝的频繁交流，由经济百货的贸易发展为文化学术的交往。凡此种种，无不反映了历史的发展，社会的进步，人文的兴盛，交往的提升。福州没有辜负大自然的馈赠，先辈们的长期顽强拼搏，终于成就了今日的都市繁华。

叁

闽都海外往来与海上丝绸之路——

一　闽都传统友好往来

闽江下游三水合汇处的马尾港，有罗星山。山顶屹立一塔，砥柱海天，这便是驰名中外的罗星塔。罗星塔为宋代柳七娘所建。相传七娘系岭南人，因姿容佳丽被乡间豪强看中，设下圈套，诋其夫罪，调入苦役。七娘随夫入闽，不久其夫被折磨而死。她变卖财产，在此建造一座石塔，为亡夫祈求冥福。由于塔下山突立水中，回澜砥柱，水势旋涡，如若“磨心”，所以也称“磨心塔”。明万历年间，罗星塔被海风推倒。天启年间，著名学者徐熥等人倡议复建。重建的石塔7层8角，高31.5米，塔座直径8.6米，每层均建拱门，可拾级而上。外有石砌栏杆和泻水搪，檐角上镇有八佛，角下悬铃择，海风吹来，叮当作响，“舵楼风细听铃雨，月近家园渐觉圆”。清光绪十年（1884年）的中法马江海战就在塔下开火，石塔损伤多处。战后，在塔顶安装一颗铁球，以代替被炮火所毁之塔刹。1964年重修，因栏板和塔檐剥落，只好改用铁管栏杆，但建筑的艺术风貌，仍存旧观。

鸦片战争后五口通商，福州开港，罗星塔因而为欧洲人所熟悉。外国人的船舶行驶到福州马尾外海时，远远望见了一座塔，塔屹立山顶，砥柱海天，他们欢呼道“ChinaTower”。罗星塔成为国际公认的航标、闽江门户标志。清光绪年间，在福建海关内开办大清邮政福州邮务总局，并在营前海关内开设罗星塔分局。从此罗星塔成为世界邮政地名之一，从世界各地邮到马尾的信，只要写上“中国塔”就可寄达。

大江东去浪淘尽。

罗星塔作为闽都海外交往的重要历史物证，依然静静矗立在

马尾罗星塔

马江畔，带给人无限的遐思。从罗星塔远望时空，福州作为华夏的滨海地区、海外交往的前沿，本着一贯亲善怀柔的理念，热情友好地对待海外来客。

关于六朝以前海外来福州的人员，史书上的记载极少，相互交往的情况难以确知。《续高僧传》载，陈永定二年（558年），梁代来华的古印度高僧三藏法师拘那罗陀（华名真谛）抵达晋安郡，挂锡晋安佛力寺，与该寺僧人校对译经，两年多中译校多卷，64岁离晋安往闽南梁安郡（南安）。当时律学名僧智文法师讲经晋安，听者甚众，史称"讲译都会，交映法门"。可见福州当时作为都会，来往外僧多，文化交流频繁，且相处融洽，配合默契。

　　隋唐以后，福州的海外贸易逐渐兴起，中唐以后更成为海外交往的重要口岸。福州不仅有"船到城添外国人"之繁，而且有"市井十洲人"之众。几百年后，在日本战国时期，丰臣秀吉、德川家康、织田信长这样的大将军劳师动众，却只是为了一个小小的茶具。茶入，是日本用来装茶粉的罐子，来自中国的器物被称为"唐物"，日本本土所产的则称为"和物"。日本茶道界一直把"唐物茶入"视为 财产与权力的象征。"唐物茶入"是将军们不惜生命为之征战的宝物。为了得到这样一件宝物，当时的日本大名甚至不惜用一个城池交换。数百年以来，人们一直不断地追寻"唐物茶入"的原产地，最终考古学家的目光锁定在福州。位于福州洪塘乡淮安村的怀安窑早在南朝时期便开始烧制陶瓷。到了唐代，日本与中国的交流空前密切，怀安窑的瓷器借由海上丝绸之路源源不断地输入日本，成为日本武士们追逐的珍稀茶器。这一时期，许多外国人也来到福州，福州的民俗风情也发生了一些变化。当时福州城内有许多"海夷"寄寓，出现了蕃客非常喜欢的马球运动场。福州出土了一块唐朝马球场的碑文，碑文中盛赞当时福州城内货物丰盛，贸易发达，市场繁华，这是福州海外交往史的重要实证。除了商人之外，还有大批僧人来到福州，他们或停留在此地学法，或借道北上，福州成为海内外宗教交流最频繁的区域之一。这些海外来访的"蛮僧"中，有来自新罗的慧轮法师，还有来自日本的空海法师、圆珍法师等人。唐贞元二十年（804年），日僧空海法师一行入唐，船行遇风漂流到福州长溪县登陆，受乡人救助后，观察使安排一行人到开元寺安顿、修习，后又派人护送去长安。唐元和八年（813年）史载"海夷日窟，风俗时不恒"，说明来闽番客日增，数量众多，以至影响社会风俗。不仅海外僧人从福州进入中国，中国僧人也由此扬帆，到海外宣讲佛法。鉴真和尚第四次东渡日本，先期派人到福州置办粮船，准备由此出洋。晚唐文宗大和八年（834年）曾下诏令，认为"南海蕃舶，本以慕化而来，固在接以恩仁，使其感悦"，命令"岭南、福建及扬州蕃客，宜委节度观察使常加存问，除舶脚、收市、进奉外，任其来往通流，自为交易，不得重加率税"。朝廷宗旨十分明确，指示对南海蕃舶应当接以仁恩，以示绥怀，体现盛唐朝廷的大度与宽仁，故而大大促进海外贸易与交往。福州是这一时期海内外宗教交流的中心。

唐末五代，王审知治闽，更下令"尽去繁苛，纵其交易，关畿廛市，匪绝往来"。社会上"竞敦廉让之风，骤睹乐康之俗"，形成的社风民俗也激励了海外贸易的繁荣兴盛。为了保障对外贸易发展，王审知还专设"榷货务"管理外贸，令张睦专责"招徕海中蛮夷商贾"。这项主动的招商政策，大大促进闽王国的外贸外交活动，出现"货物充斥，填郊盈郭""商贾拥挤，摩肩击毂"的现象。不仅在经济上取得"资用以饶"的效果，而且海外各国也向风纷纷"来集鸿胪"。

宋代，朝廷认为外贸有助国用，因此实行"开洋裕国"的政策，"使商贾懋迁，以助国用"，并且视南方为"天子之南库"，这就更大地推动了福州的海外贸易和海上交通。福建市舶司还专程"差人前去罗斛、占城国说谕招纳，许令将宝货前来役（投）进"。主动招商、积极引进的活动，效果是明显的。福建转运使也曾多次派遣海商赴高丽贸易。福州因此经济全面发展，外贸更加繁荣，成为"闽海一都会"，出现"海舶千艘浪""百货随潮船入市"的兴盛局面。宋代移居福州的蕃人仍多，当时诗人有句曰："海角人烟百万家，蛮风未变事堪嗟。"表明福州风习也因入居的外国人增多而受到濡染与影响。当然，"蛮风"的存在也反映出福州人包容海涵的文化气度。宋代定居或暂住福州的阿拉伯人、西方教士，在当地传播伊斯兰教和摩尼教。宋代高丽王朝欢迎中国商人前往贸易，于王城外设馆"以待中国之商旅"。"贾人之至境，遣官迎劳，舍馆定，然后于长龄受其献，计所直以方物数倍偿之。"统治者向闽商换取缎绢和建本书籍。宋廷还通过闽商转达双方修好和交流意愿。北宋时期，福州创造了中外书籍史上的奇迹：东禅寺的《崇宁万寿大藏》、开元寺的《毗卢大藏》与政和年间由知州黄裳招工雕版印行的我国第一部刻印道教经典总集《政和万寿道藏》，并称为"福州三大藏"。上述两部佛经、一部道经，雕版共约 30 万块，皆成于北宋福州，可见这里刻书业的兴盛。福州刻印的书籍远销海内外，福州出版的书籍成为海上丝绸之路的重要商品。南宋时期，福建造船业奠定了"海舟以福建为上"的优势地位。福建造海船构造坚固，隔舱防水，并配有指南针以辨认航向，是当时世界上最先进的海船。福州成为全国造船业的中心。南宋绍兴十年（1140 年），福州知州张浚奉旨在福州一次置办海船达千艘之多，可见当时福州一地非凡的造船能力。

元代，朝廷继续推行积极的对外交往政策，忽必烈诰谕海外各国，"诚能来朝，朕将宠礼之，其往来互市，各从所欲"，还组建"海船水军"，以保障航道安全。因此进入福州的中亚人、波斯人和阿拉伯人，人数大为增加，南台地区出现许多"舌人象胥蕃客之馆"，福州城内还修建了伊斯兰教徒礼拜的清真寺（真教寺），其宗教活动也十分活跃，对福州的政治、经济和社会生活产生了影响。

明代，朱元璋重视市舶之利，遣使往国外四方招徕各国贡市，中外交往因之频繁。不久因倭寇入侵转行海禁政策。明成祖朱棣登基后，布告天下，宣扬德政，为显示天朝的富强仁明，遣使海外昭告，并委派近侍亲信率领大型船队下西洋巡访，以"厚往薄来"的礼仪建立亲善邦交。使团所到亚非各国，均受到热烈欢迎。"其所赏恩颁谕赐之物至，则番王酋长相率拜迎，奉领而去。举国之人奔趋欣跃，不胜感戴。"随后他们也各具方物及异兽珍禽等随宝船向王朝进贡，由此引发了随后西洋、南洋16国遣使1200多人贡方物至京。这些贡使都从福州港口登岸或出港，受到福建市舶司与地方官员的热情接待。后有许多福州人到麻剌国经商，久住并娶番妇。永乐六年（1408年），渤泥（今文莱）国王率亲属、陪臣来华，驻泊福州港，朝廷"遣中使偕礼部官往迎劳之，所过诸郡皆设宴"。永乐十八年（1420年），麻剌国国王率家属陪臣来朝，受敕封并赠送大量贵重礼物，"归次福州，病卒"，朝廷专门"敕葬闽县"。明初王朝与琉球建立宗藩关系后，发展起封贡交往与贸易活动，终明之世朝廷册封琉球共15次，双方友好往来，维持500年，直至晚清（1879年）日本吞并琉球为止。为接待琉球国贡使，市舶司特在福州水部门外河口地区建立"怀远驿"（后改柔远驿），又设进贡厂，以接待使团人员并存储货物。弘治十一年（1498年）还在河口尾开凿直渎新港，直通闽江以便番船停泊。明代琉球派出留华的官学生和民间的勤学生，"学文司礼事"，或学习专业知识与生产技术，接受中华传统文化。尤其是在福州学习的勤学生，广泛学习中华文化。他们在福州时常结伴同行，参观名胜古迹，了解民俗风情，与福州先生及文人相互唱酬，结下了深厚的友谊。福州先生打破门规局限，悉心传授，勤学生们学有所成，业有所就，回国后传播中华文化，推动琉球国经济、社会、文化、教育及民众生活的进步与发展。在福州与琉球的交流史上，还有许多值得纪念、意义非凡的互动。福州长乐梅花古镇有座香火旺盛的蔡夫人庙，蔡夫人名蔡红亨，来自琉球，擅长织绣，曾织造龙袍进贡，深受明万历皇帝的喜爱，被召入宫。在前往北京的途中，这位来自琉球的才女遇风停留在福州长乐梅花澳，教乡人织绣，使该地的花布负有盛名。蔡夫人不幸染病病逝后葬于此地，福州民间将其奉为"降风神"，在妈祖、临水夫人的宫庙里都有附祀。相传渔民每临狂风恶浪，只要喊"琉球国蔡氏姑婆"，蔡夫人便显灵拯救。

清代，福州不仅在作物栽培、园林艺术、手工技艺、造船航海技能、中医中药知识等方面传播于琉球、日本，更将中国的儒学文化和经典著作通过海运传输到日本、琉球、朝鲜、越南等汉文化圈内的国家和地区，其影响十分深远。重开对琉球的封贡贸易后，清廷准其贡船货物全部在闽贸易，建柔远驿、进贡厂以接待使者、商人，储存货物，"安插馆第，委员照看，饬给薪米养赡之资，复行细加察访"，安排十分周到。对贡船货物皆"许鬻贩各货，免征关税"，垂念琉球"举国恃以为生"。为了从海外进口大米，以济闽产之不足，清廷鼓励商人进口大米，如从暹罗进口大米免征进口税，酌减随载货物税。对于从菲律宾苏禄国来奉贡的使客，朝廷更"著沿途地方官护送照看，应用夫马食物，著从厚支给"，以示加惠远人之至意。该国因此朝贡不绝，其所带货物照例免税。近代开放通商口岸以后，列强纷至沓来，福州人的社会生活和文化意识也因之发生变化。一批"开眼看世界"的福州人，不仅翻译西书、学习西文，还引进西方的科学技术和文化知识。留学西方和日本的学人打开知识闸门，沟通东西文化，有关福州历史、地理、物产和社会生活的著作、文章也被介绍到国外。福州成为中外文化交流的窗口，福州对外贸易与文化交往因开放而逐渐转型，开始融入国际化大交流之中。

二 闽都与海上丝绸之路

福州是海上丝绸之路的重要门户和起点之一。自福建肇始的福州"海上丝绸之路"在数千年的历史长河中保留了丰富完好的史迹遗存，见证了人类在 9—10 世纪的航海贸易中的活动轨迹。福州

"海上丝绸之路"是一条内涵丰富、价值重大、意义非凡的海上文化线路。早在新石器时代，当时福州先民沿江临海合群而居，生产活动以渔猎为主，并已借助原始舟船，由江向海逐步扩大活动范围。秦汉时，福州南部仍是尚未成陆的闽江口海域。随着手工业的发展和城市的兴起，商品交换的范围不断扩大，地区间的联系也随之扩大，促进了海上交通运输业的发展，海运更成为经济活动中的一项重要内容。闽越王国时期，福州已开启了对外贸易的先声。在闽越国城址及墓葬中，先后出土过的数量不少的陶香薰（熏炉）是为佐证。因为这类专用于室内燃熏的香料木在当时主要产于东南亚和南亚诸国。文献记载闽越国时期居住于福州的越繇王，用多余的犀甲回赠内地的诸侯王，闽越国的海外贸易和交流可见一斑。两汉三国时期，福州进一步发展为海外交通和贸易的重要口岸，当时两广与越南一带的货物与贡品经海上，由福州转运而抵京都，表明福州港口在东南沿海经济贸易中所处地位的重要。据《汉书·景十三王传》记载，江都王刘建"遣人通越繇王闽侯，遗以锦帛奇珍，繇王闽侯亦遗建荃、葛、珠玑、犀甲、翠羽、蝳蝐奇兽"。中国南方在全新世时犀已灭绝，西汉时犀牛只产自东南亚、印度和非洲。《后汉书·郑弘传》所载"旧交趾七郡贡献转运，皆从东冶泛海而至"，即表明了当时越南等东南沿海郡县，向中原王朝进贡及贸易等，要海运经过福州，福州古港作为中国东南沿海的重要贸易集散地和中转地。东汉时期，福州沿海已经开始与日本、台湾和菲律宾群岛人员来往。《后汉书·东夷列传》云："会稽海外有东鳀人，分为二十余国。又有夷洲及澶洲。……人民时至会稽市。会稽东冶县人有入海行遭风，流移至澶洲者。所在绝远，不可往来。"文献中记载的东鳀、夷洲和澶洲（即亶州），都与东冶有海上联系。学界普遍认为东汉的东冶是福州，东鳀应是指当时的日本，夷洲是指台湾，澶洲是菲律宾群岛（也有认为是海南岛的）。东汉末人许靖从扬州出海，

"浮涉沧海，南至交州。经历东瓯，闽越之国，行经万里……"文献中东瓯、闽越国即是温州和福州海港。三国至南朝的六朝时期，闽人的航海技术首屈一指。不仅如此，《宋书》记载吴国在闽中还设有典船校尉和"温麻船屯"。宋《三山志》亦有类似记载："开元寺东直巷，吴时都尉营，号船场。"吴国的"温麻船屯"在福州北部的温麻县（今霞浦）。此外，吴国在建安郡设立了两大船屯，反映了闽中已是吴国的造船业的中心。吴国当时所造的海船，"大者长二十余丈，高去水三二丈，望之如阁道，载六七百人，物出万斛"。六朝时，福州地区海外交往已不限于官方，民间交流亦多，还有与周边沿海地区的交流与贸易。《陈书》记录闽中陈宝应在侯景之乱时派船队来往于会稽、闽中海上，贸易粮食等物。此期福州地区的考古资料亦为当时的海外交流和贸易的状况提供了佐证。如六朝墓葬中常见有青瓷香薰，反映了福州与东南亚、南亚的香料贸易。瓷香薰上的坐佛，以及六朝墓砖上的纹样如飞天、僧人、宝相、宝瓶、宝相联珠、忍冬缠枝等，都反映了南传的印度佛教艺术自海上交流传到福州的实况。因此，六朝时期福州与东南亚、南亚的交流，是在汉代交往的基础上的继续发展，为以后隋唐五代的贸易之路铺下了坚实的基础。隋唐五代的福州，是社会经济与文化大发展的时期。福州城当时是一座以水路运输为主的港口城市，城有五座水门，城内水道四通八达，五代十国时闽江上游各地的船舶可直接驶至福州城下，商业十分繁荣。诚如《恩赐琅琊郡王德政碑》所言："闽越之境，江海通津，帆樯荡漾以随波，篙楫崩腾而激水。"在福州冶山附近出土的唐马球场残碑，记录了唐元和八年（813年）福州城市发展的一些面貌。碑刻文字中的"海夷日窟，风俗时不恒"，表明当时福州是闽中的重要对外商港，海外来的商客很多。唐文宗大和八年（834年）的诏书中，也指明要福建的节度观察使对"蕃舶""蕃客"应常加存问，"除舶脚、收市、进奉外，任其来往流通，

唐代马球场遗址

自为交易，不得重加率税"。由此说明当时福州的节度观察使同时掌有市舶外事权。唐代福州作为中国重要的商港和贡使出入地已具雏形。上述情形在考古发现中也有重要的证明。在日本博多遗址及鸿胪馆中，考古出土过整批的福州唐代怀安窑的青瓷器皿。东南亚也发现了有关的唐代怀安窑青瓷器，证实了此瓷窑当时已成为福建在东方海丝之路和南方海丝之路中重要的贸易陶瓷生产地，而福州唐代怀安窑的贸易陶瓷在中日贸易陶瓷中地位尤为重要。唐五代福建的青瓷窑址，除福州怀安窑最为著名外，晋江磁灶、建阳将口与水吉、浦城、建瓯、将乐等地也都有发现。绝大部分位于闽江及其支流流域，贸易交往必经福州港，推动福州在这一时期成为福建乃

琉球交流

至全国重要的海外贸易港口。据《全唐文》中《表医者郭常》所记，闽江上游与江西水陆关系亦很密切。江西饶江（今信江），是南通闽北转福州的通道。通过这条通道，海外波斯、安息之货可由闽入赣从福州流入内地。福州刘华墓中即出土过三件硕大的波斯孔雀蓝釉瓶。这种超大的波斯釉陶器运输起来比一般物品困难许多，这都是波斯方物通过海上丝绸之路交流的物证。唐五代时福州已是通往海内外重要的口岸了。福州的船舶不仅通往东洋、南洋，还畅通于南北海道以至渤海一带的契丹国和渤海国。这些都见于文献记载，薛能《送福建李大夫》诗中"船到城添外国人"即是一例。由于福州位于闽江下游，近出海口，涨潮时，水涌闽江，大船乘潮可驰抵福州南门下。《三山志》记载五代的情况说"伪闽时，蛮舶至福州城下"，记录了外国船只来往福州之便利。当时不仅福建陶瓷等特产向海外贸易，从国外输入的商品亦不少。闽国从海外输入的特产源源不断进贡给中原王朝。如同光二年（924年），王审知向唐王朝进贡品有象牙、犀珠、香药等海外珍品。天成二年（927年），王延钧遣使进贡犀牛、香药等海外珍品。天成四年（929年），再次进贡犀牙、玳瑁、真珠、龙脑等等。长兴元年（930年），又进贡象牙、药。王继鹏继位后，立即向后晋进贡象牙二十株、香药一万斤。后晋天福六年（941年），王延羲向后晋进贡海外奇珍有象牙二十株、乳香、沉香、玳瑁等。对外贸易的频繁反映了福州作为海上丝绸之路的重要港口和始发地业已成熟。两宋（960—1279年）时期，福州在中国海上丝绸之路经济中占有重要地位，与五代后勃兴的泉州港一起成为闽中并峙的双峰。宋代福建是中国海船建造的中心，宋代文献记载："漳、泉、福、兴化，凡滨海之民所造舟船，乃自备财力，兴贩牟利。"而且宋代海舶"福船"首屈一指。《思穆集》中《论舟楫之利》说："南方木性与水相宜，故海舟以福建船为上，广东、西船次之，温、明州船又次之。"《舆地纪胜》记福州"海舶千艘浪，潮田万顷秋"，反映闽都海舶数量之多，海路的热络。梁克家《三山志》记载福州的海道："南望交广，北睨淮浙，渺若一尘。乘风转舵，顾不过三数日。……谷价海涌，南北舰困载欸至城外，其诸货宝回往，不可名计。浮于海，达于江，以入于河，莫不有潮次云。""福船"在宋元时期久负盛名。元代福建的航海及海船仍然盛极一时，在有关记载中，于福建任闽县知事的萨都剌咏诗有"三山云海几千里，十幅蒲帆挂烟水"，证明他们乘的福船是具有十面风帆的大海舶。而熊禾等诗人也提到当时闽中的"万斛船"。福船的庞大和先进，使闽都福州和泉州海港成为中国宋元时最重要的丝绸之路的始发港口和商品集散地。近几十年来海底沉船考古发现的资料从实物方面证明了福州在中国海丝之路的重要地位。1990年春，中澳联合考古队对连江县筱埕镇定海村东南海域的"白礁一号"沉船遗址进行了发掘。之后又于1995年、1999年、2000年，多次水下考古发掘，发掘出水了大批黑釉盏和一批青白瓷器。这些黑釉盏都是福州地区宋代瓷窑生产的，而青白瓷器也都是福州地区诸窑口瓷器，证明了"白礁一号"沉船从福州

闽清义窑遗址

始发，航路应是经明州港往日、韩方向，是走的东方丝绸之路。此沉船年代为南宋，即 12 世纪前期到 13 世纪中后期。

2007 年至 2008 年，我国水下考古队对西沙群岛的"华光礁一号"沉船进行了水下考古发掘。在沉船中出土了大批青瓷器、青白瓷器、酱黑釉瓷等。其中青瓷器中有福建沿海南安窑、磁灶窑的产品以及闽北松溪宋代回场窑的产品。而青白瓷中，除了江西景德镇窑、沿海德化窑的产品外，大多数是闽清义窑产品，其中一件碗上刻有楷书"壬午载潘三郎造"字样。考古队根据铭文与器型学鉴定，认为闽清义窑的"壬午"为宋高宗绍兴三十二年（1162 年）之器。另外，酱黑釉器中除晋江磁灶窑产品外，还发现有一些武夷山遇林亭窑的金、银彩碗盏。经研究考察，此船为南宋的福船。

根据船上出水的大批闽江上游窑口瓷器、江西景德镇瓷器及闽清义窑瓷器来判断，始发港为福州。闽南窑口瓷器为沿途上载的器皿。1987年在广东台山县附近海域，研究人员发现了"南海一号"沉船。1998—2004年，中国国家博物馆水下考古研究中心对其进行了打捞，2008年又进行了整体打捞。出水文物，以陶瓷为主。从船上发掘出的景德镇窑的青白瓷、龙泉窑的青瓷都是利用闽江运往出海口的外销瓷，而闽清两处窑口的青白瓷及福清窑口的黑釉瓷则是福州当地的外销瓷，因此，此船的始发海港必然是福州无疑。

2006—2007年，联合水下考古队对平潭大练岛西南的沉船进行了水下考古和打捞，打捞出水的大量瓷器全部系浙江龙泉窑的各类产品。从航路和沉船的地理位置考察，发掘者均认为该海运船应是运输自浦城南浦溪过建溪进入闽江从福州港出海的整船龙泉窑产品。

水下考古队还先后在福建莆田的南日岛、湄洲湾海域调查。2008年发现了"北土龟礁一号"宋代沉船遗址，出水了一些闽江上游窑口的青瓷，从瓷器和出水古钱币判断其为南宋早、中期的沉船，应为福州港始发船。而发现的"北土龟礁二号"元代沉船，保存较好，船中成摞瓷器摆放在舱内，已发现的都是福州港连江浦口窑的产品。因此此船亦为福州始发。除中国沿海之外，1976—1984年在韩国发现并打捞的新安沉船，在船中出水了一些福建建阳水吉窑黑釉盏和一批南平茶洋窑的黑釉盏。这些闽江流域的瓷器都充分显示了这条元代福船的始发港应是闽江海口港的福州。根据目前为止的水下考古资料显示，在中国沿海、南中国海甚至到韩国海域，所发现的几乎所有宋元时代的沉船，都始发于福州港，因此，证实宋元时期福州港是中国最重要的丝绸之路出发地。闽江流域也是宋元时代连接海上丝绸之路最重要的河流运输线。

明清时代是中国海丝之路的一个特殊时期。明初，因倭寇问题，

长乐显应宫 （李育航提供）

洪武初期朱元璋下了禁海令，"禁濒海民不得私出海"。朱元璋禁止了民间与海外的贸易往来，他的海禁政策虽然被后代所沿用，但官方的朝贡与贡赐并未受禁。1992 年修建长乐机场时，施工人员从海边的沙地里挖出了一个地下建筑，当村民打开尘封数百年的地下宫殿大门时，成百上千的蝴蝶、飞蛾从地宫中飞出。大自然以这样一种奇观来欢迎重见天日的郑和。这座地下宫殿被当地人称为"显应宫"，是一座将郑和作为海神祭祀的寺庙。从永乐三年到宣德八年（1405—1433 年），明廷派遣太监郑和与王景弘率领舟师七下西洋，随员达两三万人，出行百多艘大船，远航东南亚、南亚及北非海岸，行程数十万里，是世界历史上最大规模的远航壮举。

　　每次离开大陆前往风波无定的海洋前，郑和船队必到一个地方去祈福候风，这个地方就是福州长乐太平港。如今福州长乐吴航镇的郑和史迹陈列馆内保存着国家重点保护文物《天妃灵应之记》碑（俗称"郑和碑"）。这方刻于明宣德六年（1431 年）由郑和亲自撰写碑文的黑色页岩石碑，是海内外少有的记述郑和下西洋的实物证据。碑文上铭刻："若长乐南山之行宫，余由舟师累驻于斯，伺风开洋。"郑和船队驻扎在福州的时间短则两三个月，长则八九个月。福州成为郑和下西洋离开国门前最重要的航海基地，长乐港也因为"明永乐太监郑和通西洋造巨舶于此，奏改名为太平港"。

　　在我国长达 1.8 万多千米的漫长海岸线上，郑和为何屡屡选择

《天妃灵应之记》碑
（李育航提供）

福州作为开洋出海港？木质帆船时代，航海全仗季风和洋流。福州地处东南沿海，每年10月至来年正月刮东北风，4月到7月吹东南风，非常利于船队的往返。郑和船队选址候风的太平港地处闽江下游出海口，港口水面广阔，可以同时停泊数百艘船只，四周又有山峦为屏障，是天然的避风良港，便于船队在此处休整候风。福州除了是天然的避风港之外，还有不少其他港口所没有的独特优势：一来，福州地区有严密的军事防务体系，4个卫、5个指挥使司、

12个千户所共同保护着船队的安全。二来，明初福州市场繁荣，万商云集，百货荟萃，全国各地出产的商品货物在这里可以方便地买到，为郑和船队采办货物提供了极为便利的条件。下西洋所备粮食、木材、商品等绝大部分是郑和船队在福州就地采办而成。再者，福建拥有当时世界最为先进的海船制造技术，以福建命名的"福船"是当时世界上最为先进的海船代表，福州自古以来就是中国重要的造船基地。郑和的海船一部分便是在福州建造的。就地造船可以为郑和船队节省大量的人力物力，闽江上游的闽北森林为郑和船队提供了建造和维护船只的物质保障。此外，福州自古以来就是海上丝绸之路的重要航运枢纽，明初的福建在宋元的基础上已经形成了相当广阔的海上交通网。福建人素以造船航海闻名于世，郑和船队在这里便于招募到精通造船与航海的随行人员。郑和七下西洋，人数众多的舟师、医护人员、翻译、士兵等，绝大部分出自福建尤其是福州地区。无论从地理条件、人员配备、造船技术，还是海防力量等诸多因素上考虑，福州都为郑和下西洋提供了最为全面、最为便捷的候风开洋条件。

郑和庞大的舟师累驻于福州附近的长乐太平港，招募水手，修造船舶，补充给养，祭祀海神，伺风开洋。郑和船队在福州港候风，进行物资补给，一方面强化了福州与内陆腹地的联动，另一方面也强化了福州与海外的交流，使得福州成为通往中国腹地和外国的交通要道，促进了福州地区商业的繁荣。郑和船队将福建特别是福州的货物，如粮食、糖、茶叶、瓷器、丝绸等运往各国，而各国入贡也随带有货物到福建。各国访华使者、商人不少来到福州，进行经济文化交流。随郑和下西洋的福建舟师船工，得到了极大的历练，积累了更加丰富的航海造船经验，极大地推动了福州海外交通事业的发展。郑和下西洋密切了亚非各国与中国的联系，在郑和船队大规模的带动示范下，很多福州人前往东南亚等地谋生，其中不少还定居在当地，为移居国做出了伟大的贡献。福州被称为"海员之乡""华侨之乡"，正是郑和下西洋所带来的深远影响。由于郑和船队每以福州港口为驻地和放洋的始发地，所以随之而来的外国使臣多在福州登陆，明代早期许多国家的使者进贡明朝，都选择福州港或泉州港。《明实录》记载：渤泥、苏门答剌、古里、柯枝、麻林等国的使者都到过福建。古麻剌国的国王不幸病死于福州，朝廷赐葬于当地。明成化年间，朝廷撤泉州市舶司，改设于福州。琉球王国从明初始一直与中国王朝朝贡交往密切，福州与泉州是专门负责接待琉球使者的地方。在明清近六百年时间里，明朝共派出了十五次专使，清朝共派出过八次专使。而琉球使者两年一贡、或一年一贡，其贡船来闽中达数百次之多，福州是最主要的入贡港口。福州至今还遗存了当时的琉球会馆及琉球人的墓地。由于明朝的主要政策是以禁海为主，加之倭寇的侵扰，所以海丝之路潮起潮落，并不稳定。如福州、广州、宁波这几个重要口岸，只允许海外贡国进来贸易，并不允许中国人从这里出去海外贸易。直到晚明，才有所松动。到了隆庆元年（1567 年）则开放了漳州的月港，允许月港对外贸易。此前尽管禁海，福州琅岐港还是有人私自出海贸易。明末福州的董应举说："向年闽中通番者，皆从漳州月港帮船。二十年来，琅岐作俑，外省奸徒，反从琅岐开洋……"而从福州去日本的私人贸易则并不少见。《崇相集·严海禁疏》说："从福海中开洋，不十日直抵倭之支岛，如履平地。一人得利，踵者相属，岁以夏出，以冬归，倭浮其值，以售五货。"福州在明末已成为中国与日本贸易的主要口岸，福州人在日本的长崎建立了"福州寺"（崇福寺），福州商人集团在日本长崎取得了很大影响，在中日贸易中占有重要地位。明代福州不光是对日贸易，在对东南亚和欧洲贸易中也举足轻重。如在平潭岛发现的"碗礁二号"沉船中，打捞的大批以景德镇窑为主的青花瓷、青花釉里红、蓝釉瓷，都是明后期的产品，判断沉船时间为明末，明确是从福州港始发，运载江西景德镇窑的贸易陶瓷。而在中国南海的西沙群岛海域发现的"北礁三号"沉船，出水的瓷器除有漳州窑明末的瓷器外，还有大批的明末景德镇的青花瓷器，可证此船应是明末从福州港始发，在漳州月港再上货的贸易船。在西沙群岛永乐群礁发现的银屿沉船遗址，出水的各种青瓷，皆为龙泉窑产品，很可能也是福州港始发海舶的贸易陶瓷。龙泉的瓷器应自闽江运抵福州港，再换海舶出洋的。

清朝政府初期也是奉行禁海政策，到康熙收复台湾后，海禁遂开，福州来往于日本和东南亚的海船日益增多。许多福州的船主开展了对日贸易，在中日贸易中占据了重要地位。当时，福建的地方特产和大宗商品如陶瓷、茶叶，都是对外贸易中的热销产品。茶叶以武夷山岩茶、红茶为主，陶瓷除德化瓷外，景德镇陶瓷也大量从闽江流域到福州海港出境。清朝时厦门港崛起，成为福建沿海重要的外贸口岸。但福州作为传统港口及闽江出海的货物运输集散地、海船始发港，其重要作用丝毫不减。

当时的闽商所往的东南亚主要贸易地点有马尼拉、葛剌巴、安南、暹罗、马六甲、新加坡等。荷兰人的《巴达维亚城日志》记载了很多福建船去葛剌巴的事例，曾有载重四百吨、船员达二百五十人的福建大海舶。清政府记录前往吕宋、葛剌巴的中国商人"大约闽省居十之六七，粤省与江浙等省居十之三四"。

到了清代海上丝绸之路的运输方式有所改变，欧洲列强都是通过东印度公司或殖民地与中国贸易，大量的远洋贸易船通过环球航行运送中国瓷器、茶叶等外贸品。中国贸易船较少涉远海，而是在南海及东南亚的殖民地转运中国货物，从已打捞的海底沉船也可见一斑。2005年，在平潭海域打捞出的"碗礁一号"沉船中发现约1.7万件外销瓷。这条船全部装载着康熙时期景德镇窑的青花瓷、青花釉里红瓷器、五彩瓷器等。应是从福州始发的海船，遇台风或意外沉没于平潭海域。由于船上水手的生活用品不多，船的规模也不很大，推断是运往中国南海某处的销往欧洲的货品。其中很多青花与五彩图案的瓷器也是国内不多见的面向欧洲的出口瓷器。在莆田湄洲港大竹岛发现的清代沉船遗址，也出水有部分景德镇窑的青花瓷器，推测可能是发自福州港口的贸易船。清代后期，鸦片战争轰开了中国的国门，中英《南京条约》确定了五口通商，福州港居其一，而且时有十九国在福州建立领事馆，足见西方列强对福州海上贸易口岸的重视。清晚期的洋务运动，把中国最早的近代造船厂、政府的船政局以及中国最早的航海学校——船政学堂，都集中在福州的马尾港。这些并非清政府心血来潮的随意之举，航海历史、造船技术和重要港口等深厚的海洋文化底蕴，是这一切的坚实基础。

三　闽都海上丝绸之路的价值体现

1. 闽都海上丝绸之路体现了人类历史的进步和社会生产力的发展。中国作为古老的文明古国之一，疆域辽阔，物产丰饶，中国的产品饱受世界各地人们的欢迎。如何将这些中国特色的产品运往世界各地就显得尤为重要。海上文化线路不仅连接了不同国家的不同文化，也连接了东西方海上贸易，是沿线各国经济发展的重要见证。闽都福州海上丝绸之路作为海上文化线路的重要部分，极大地促进了人类历史的进步和社会生产力的发展。以丝绸为例，正是由于福州海上丝绸之路的开辟，中国丝绸产品大量外销，刺激和促进了国内丝绸业的发展和繁荣。近 20 多年来，福州地区考古发掘出土的三座宋、明古墓(宋朝两座、明朝一座)中都有丰厚随葬丝织品，可以发现这些出土的丝织品不仅数量多、品质上乘、品种丰富，而且制作工艺十分精湛，证明了从宋至明代，福州已有大规模生产丝织品的工场和作坊，其手工业已经成为当时重要的支柱产业。高档的丝织品在一般百姓生活中是不可能出现的，这些丝织品是为满足宫廷以及海外的贵族阶层的需求。考古资料和出土实物有力地见证了福州作为中国海上丝绸之路的主要古港城市，是古代丝绸畅销国外的重要生产基地。通过福州海上丝绸之路这条重要的海上要道，不仅带动了丝绸业的发展，也向外传播了瓷器、中药、茶叶等数量大、品种多的中国产品。外国的特产经由贸易海路传入中国，像珍珠、象牙、香料、犀角、宝石以及各种动植物等产品不胜枚举。东西方国家通过海上丝绸之路这一主要渠道进行经济贸易往来，互通有无，交流分享人类共同创造出来的物质文明，丰富彼此的经济生活，共同促进人类社会的发展和进步。

2. 闽都海上丝绸之路体现了东西方的友好往来和文化社会的交流与进步。"海纳百川，有容乃大"是福州的城市精神，也是中华民族几千年以来的历史文化积淀和宽广胸襟的体现。福州海上丝绸之路充分体现了福建历史的博大精深，展示了福州人博大、包容的广阔胸怀。它把世界上的文明国家同中国连接在一起，形成了一条连接亚、非、欧、美各洲的海上大动脉，中国的瓷器生产技术、绘画艺术手法、佛教文化等通过福州海上丝绸之路传播到海外，西方的音乐、油画、雕塑、舞蹈、天文、医药等通过福州海上丝绸之路传入中国，古老的文明通过海上丝绸之路相互交流，相互交融，大放异彩，促进了世界民族文化多元化的发展及各国的友好往来。

3. 闽都海上丝绸之路体现了古代中国航海、造船技术的进步与发展。中国的航海历史悠久，海上文化线路的繁荣得益于航海事业的进步。在诗人的笔下，福州的繁华被描写得淋漓尽致，"百货随潮船入市，万家沽酒户垂帘""南来海舶浮云涛，上有游子千金豪""海舶千艘浪，潮田万顷秋"。明代的福州是全国重要的造船基地之一，造船工艺先进，装备精良，在全国居领先地位，所造的"福船"以坚固著称，既能用于航海交通，也能用于海上作战。

4. 闽都海上丝绸之路体现了古代福州人认识海洋、利用海洋、开发海洋的意识。自两汉以来，福州一直是中国海外交通的国际性港口之一，绵延两千余年，在中国海丝发展史上从不曾缺席。福州人的海洋基因，自人种初兴的史前时代便已经烙印在族群发展的血脉传承之中。在不同的历史时期，福州人善于把握各种机会发展自身的海洋天性，在造船航海、海洋商贸、海洋军事等领域一直占据中国海洋文化的领先地位。当海洋文化从木制帆船向蒸汽铁甲船变革时，福州人敏锐地抓住时代的风向，积极变革，使福州成为中国开风气之先的窗口。

肆

闽都海外移民

—

福州人漂洋过海的历史可谓源远流长。从先秦两汉开始直到上世纪九十年代，随着福州移民向世界各地扩散，富有闽都味道的中华文化也扩散传播到世界各地，这不仅扩大了中华文化的内涵，同时也融入了移民在地文化，成为当地文化和生活方式的组成部分。

一　闽都海外移民历程

福州作为闽越国都城的所在地，很早就和域外国家有贸易往来。

据《汉书·景十三王传》记载，江都王刘建恐日后为淮南、衡山等他国所吞并，为了取得闽越的支持，遣人通越繇王闽侯，遗以锦帛奇珍。繇王闽侯亦遗建荃、葛、珠玑、犀甲、翠羽、蝮熊奇兽。西汉时中国已不产犀牛，表明当时闽越国曾从海外南亚等地通过贸易手段输入相当数量的犀甲，才可能用此回赠内地讨好闽越国的诸侯。也证明当时闽越国已具备通往南亚、东南亚的远洋航海能力，并存在着海洋贸易往来。再看另一方向，目前中国和日本贸易的出土文物中，有不少无论从时间还是器形上，都显示了在闽越国时代后期（约汉武帝时期）代表中国的成熟的 B 类锻銎铁器的制作技法，这些器物有着从福建或浙南沿海通过海上通道传入日本九州的可能性。可以说，闽越先民在其中扮演了重要的角色。

福州港的前身东冶港是中国最古老的航海出洋的门户之一。东冶港早在汉代就已经开通了与中南半岛往来的南海航线和通往日本、夷洲的东海航线。

三国时期，东冶港成为吴国海上活动的重要基地。是时，福州属扬州建安郡，福州商人正是通过南海、东海的这两条航线漂洋过海进行贸易活动，有的定居海外，成为最早的福州籍华侨。

晋至南朝，福州与海外诸国继续往来，福州商人定居海外的事例亦不乏史载。梁天监六年（507 年）"有晋安人渡海，为风所至一岛，登岸，有人居止"。

唐代，福州港迅速崛起，一跃成为直接对外贸易的港口，与广州、扬州并列为唐代三大贸易港。此时的福州港除保留南海、东海的传统航线外，又开辟了多条新的航线，沟通了福州与新罗、三佛齐、印度、大食、阿拉伯等国家和地区之间的贸易往来，福州人出海经商日趋增多，从事海外贸易蔚然成风，有一部分商人下海赴南洋久居不归。据阿拉伯著名旅行家马素提撰写的《黄金牧地》称，后晋天福八年（943 年），他曾航海到苏门答腊岛，亲眼见到许多中国人在岛上耕种，尤以巴邻邦（今巨港）为多，他们主要是为避唐末黄巢之乱而迁居于此的。五代时，王审知积极发展海外贸易，开辟甘棠港为福州港的外埠，推动了福州与高丽、日本以及东南亚诸国的贸易往来，为福州人前往这些国家和地区经商、定居提供了机会。

宋代，随着政治、经济重心的南移，福州海外贸易有了长足发展，出国经商成为一种社会风气，福州商人频繁往来于南洋各港口之间，他们之中有在当地等待来年季风返航"住冬"的"行商"，也有因经商需要而定居当地"十年不归""住蕃"的"住商"，还有的出于种种原因，留居海外不归。据宋人洪迈《夷坚志》载，绍兴二十年（1150 年），有舟至东南漂至甘棠港，载三男子一妇人，沉檀香数千斤，自言家在南台，出国 12 年始归闽县。宋末元初，福州地区还有许多不愿臣服元朝统治的义士和难民逃居占城、交趾等地。据连江人郑思肖的《心史·大义略叙》载："曾渊子等诸文武臣流离海外，或仕占城，或婿交趾，或别流远国。"据说，郑思

肆

闽都海外移民

肖在宋亡之后，行踪不定，最后从泉州搭乘帆船出洋，到达爪哇。当时，他想寻找一块土地开辟园林。他了解到拥有这些土地的酋长特别喜欢中国茶，于是用 8 个瓷罐装满茶叶送给酋长。酋长十分高兴，就把他的属地划出方圆一里的面积相赠。郑思肖把这个地方命名为"八罐茶"。此传说从侧面证明了宋亡之后，福州籍人士移居南洋的现象。除南洋之外，福州人也有到高丽、日本、交趾等地进行海外贸易并在那些国家定居。据朝鲜人郑麟趾编纂的《高丽史》记载：天禧三年（1019 年）"虞瑄等百余人来献香药"，乾兴元年（1022 年）"陈象中等来献土物"。这些商人往来高丽，可谓"岁久迹熟"。史载，高丽"王城有华人数百，多闽人因贾舶至者。密试其所能，诱以禄仕，或强留之终身，朝廷使至，有陈牒来诉者，则取以归"。赴日本贸易的福州商人主要有陈文祐、周文裔等人。史载：陈文祐曾于天圣四年（1026 年）和天圣五年两渡日本为商，周文裔在天圣六年到日本献丝绸、麝香、南海香药等物。福州人旅居交趾的历史也比较早。交趾，原为中国属地，宋初自立，时称安南。早在汉代，福州与交趾就有贸易往来，且形成固定航线，交通甚为便捷。宋代前往交趾贸易、定居者日多。南宋宝庆元年（1225 年）安南国陈氏王朝建立，其太宗皇帝陈日煚即是福州长乐人。明人何乔远记曰："安南国王陈日煚故谢升卿，闽人博徒也，美少年，亡命邕州。交趾相率闽人贸易邕界上，见升卿，异之，与偕归，纳为王昺女婿。昺老无子，死，王女主国事，因以与其夫。而升卿变姓名为陈日煚。"福州人在交趾的势力由此可窥其一斑。

元朝统一中国后，统治者大力发展海外贸易，福州港是福建乃至东南地区的一个重要港口。为贩卖"珠玑大贝"，福州南台及郊区一带有不少商人"舟行千里"至"海外蕃夷之国"，几经往返，获利颇丰。元末海贾林氏，尝驾大舶行诸蕃间，竟发展成为拥有数百人之众的海外贸易集团。

明代，明太祖朱元璋鉴于东南沿海一带的倭患以及以张士诚、方国珍等余党为首的反明势力的猖獗，深恐"海疆不靖"，遂于洪武四年（1371 年）和十四年（1381 年）两次颁令"禁濒海民私通海外诸国"，洪武三十年（1397 年）再"申禁人民无得擅出海与外国互市"，这就是震惊中外的"海禁"政策。直至隆庆元年（1567 年），福建巡抚御史徐泽民"请开海禁，准贩东西二洋"，明代海禁政策竟已长达近 2 个世纪之久。然"海者闽人之田"，为谋生计活路，沿海居民不得不铤而走险，冒死犯禁、出海经商者仍不在少数，在这种情况下，走私贸易便应运而生成为明代海外贸易的一大特色。结伙走私者或因犯禁被捕以至被处死，或因惧怕朝廷治罪不敢返航而流寓海外成为华侨。因此，在明海禁期间，福州的海外贸易和对外移民并未断绝。史载，永乐年间（1403—1424 年），福州商人赴麻剌国贸易者有郝、阮、芮、朴、樊等五姓，有的在当地侨居多年，娶番生子后率之返国。成化四年（1468 年）福清人薛氏族人时常出海通番互市，事情败露后，谋划作乱抵抗，结果被福建副使何乔新捕杀。已出海者便不敢回乡，滞留海外。明朝中叶以后，民间走私贸易日炽，走私活动的规模也越来越大，嗜利忘禁下海通番者往往结党成风，动辄数百人，甚至成千上万。如嘉靖十三年（1534 年）福清冯淑等 340 人泛海通番，因海上遇风被朝鲜王朝李岷连人带货一并解往辽东，史载，"咨称闽人无讯本国者，顷前后获千人，皆市易日本"。郑和七下西洋，宣扬了明朝德威，推动了官方贸易，同时也促进了福州的移民活动。史载：郑和七下西洋，其舟师屡驻闽江口，在长乐太平港修造船舶，招募水手，祭祀海神，伺风出洋，不少福州人遂随郑和舟师出洋，有的从此定居海外，拓荒创业，繁衍生息，成为当地新的华侨。最大规模的一次移民（亦谓由官方组织的合法的海外移民）当属洪武二十五年（1392

年）明太祖赐闽人三十六姓给琉球，所赐三十六姓多为福州台江区的河口人，他们"素通番舶"，"多谙水道，操舟善斗，船主、喇哈、火头、舵公皆出焉"。其子孙优秀者，多担任琉球各种文官。何乔远记曰：琉球"大夫官、长史官、通事官。司贡者也，文臣也，以通中国书及闽三十六姓之后为之"。明成化十年（1474 年）福建省管理对外贸易的"市舶司"从泉州移至福州，福州港便成为中琉册贡往来的唯一港口，从而促进了福州港的繁荣，也为福州人移居琉球提供了便利。至今琉球（今冲绳一带）许多华裔就是当时三十六姓的后代。

晚明崛起的郑氏海商集团，其海外贸易的足迹遍及日本、南洋各地，不少福清人搭乘郑芝龙的船队东渡日本。清初，为遏制郑氏反清复明势力，清廷于顺治十八年（1661 年）至康熙二十二年（1683 年）实行长达 23 年的禁海迁界政策。福建沿海居民"尽令迁移内地"，"离海三十里村庄田宅悉皆焚弃，城堡台寨尽行拆毁，撤回汛兵，于内地画界筑垣备御，并禁渔舟、商舟出海，令移民开垦荒陂"。为谋生计，福州仍有不少冒死犯禁逃亡海外者。康熙二十二年开禁后，无论是官方贸易，还是民间私人贸易都有较大发展，在开往日本的商船上，大部分水手、杂工等都由福州人担任。由此，福州人移居长崎者遽增，如福州商人王应如是从宁波启航赴日商船的船主，他的伙伴在 16 年间曾 8 次到长崎贸易，其他船言及他回乡均称"本国福州"。除了移居日本外，有清一代，福州也有不少人前往东南亚国家，如今日的泰国、越南、柬埔寨、菲律宾、新加坡、马来西亚等国经商、定居。乾隆、嘉庆年间（1736—1820 年），福州小商、小贩往南洋一带经商甚多。嘉庆二十三年（1818 年），平潭敖网安海村（今敖东乡所辖）村民薛子欣从平潭乘木帆船南行，历时两月余，抵达印度尼西亚的梭罗，在福清同乡华侨资助下，以肩挑小贩谋生。闽剧《贻顺哥烛蒂》中的主人翁陈春生亦为过番十年左右才回来的小商贩，足见其时的社会风尚。到鸦片战争爆发前夕，整个东南亚地区华侨总数已达 100 万人以上，除泰国、柬埔寨、越南外，其他地区以祖籍福建的华侨占多数。

近代，福州海外移民高潮始于鸦片战争以后，这是与当时的社会历史条件密切相关的。鸦片战争以后，中国社会进入转型阶段，社会经济结构处于剧烈变动之中。随着外国资本主义势力入侵，中国传统的以农业、家庭手工业为基础的自给自足的自然经济趋于解体，加之清政府为支付巨额的战争费用和赔款，加强了对人民的搜刮，致使广大农民失去土地，手工业者大量破产。对于少地的东南沿海地区而言，土地与劳动力的比例严重失衡，濒海居民相率渡海出洋谋生，从而形成了中国历史上空前的海外移民高潮。与此同时，19 世纪是西方资本主义处于上升发展的时期，为了开发东南亚、美洲、非洲、澳洲殖民地，亟需大量廉价劳动力，于是他们把目标指向了中国。中国人口众多，劳动力资源丰富，劳动力价格相对低廉，生产技术和生产水平相对较高，在西方殖民者眼中，"中国人是不持武器而又勤恳的民族"。为了获得在华合法招工的权利，西方列强凭借强大的军事力量迫使清政府在与之签订的一系列不平等条约中增加相关条款。咸丰十年（1860 年），清政府在与英法联军签订的《北京条约》中的第五款规定："凡有华民情甘出口，或在英国所属各地，或在外洋别地承工，俱准与英民立约为凭，无论单身或愿携带家属一并赴通商各口，下英国船只，毫无禁阻。"同治七年（1868 年），清政府与美国签订的《中美天津条约续增条款》亦称："大清国与大美国切念人民前往各国，或愿常住入籍，或随时往来，总听其自便，不得禁阻。"至此，16 世纪以来，一直以隐蔽方式进行的非法"苦力贸易"便公开化、合法化了，苦力贸易制度最终被完全确立起来。正是在这一背景下，大规模的海外移民高潮终于形成。福州南台是当时贩卖苦力的据点之一。除南台外，西方殖民者还在马江（马尾）设馆招工。光绪二十七年（1901年）二月，法国商人魏池，在法驻福州领事高井和福州天主教会势力的协助下，在马江设立了"下北顺洋行"（又译"喇伯顺洋行"）专事人口贩卖活动。当年，魏池利用洋行诱拐1500名华工，其中1000名拟送往马大嘎司嘎（今马达加斯加）做官工，500名去海裕呢翁（今留尼旺）群岛做农工事。出洋前，这些华工与洋行签订契约，规定期限为三年，每人每月工资10元银洋，每天工作8小时。但是，首批764人被送往预定地点，在当地备受虐待，第二年在福州就发生群众要求营救华工回国的闹事案。据《闽海关十年报》（1902—1911年）载："1902年大批苦力从非洲马达加斯加和留尼旺回来。他们是前几年在法国政府主持下，运去那里做苦工的，在那里病死了很多人。事实上，他们一无所获地回来，而且个个身体衰弱。"光绪三十一年（1905年）年底，魏池又以修建滇越铁路和墨西哥需要劳力为名，在福州附近各县大肆诱招华工。福州的契约华工主要运往墨西哥、巴拿马、留尼旺岛、马达加斯加等地。据中国海关《通商贸易年册》记载："光绪二十六年至光绪三十四年（1900—1908年）从福州口岸出境的契约华工3000多人，其中，运往北婆罗洲169人，运往留尼旺岛808人，运往马达加斯加764人，运往墨西哥520人，运往萨摩亚岛的约800人，契约华工中绝大多数是福州人。

苦力贸易制度又称契约华工制度，即指中国劳动者与外国资本家的代理人或华人工头订立契约，以自愿的方式到境外工作的制度。然而，事实上华工出国并不是通过合法手续招募和应聘的，而是在西方殖民者及其爪牙的威迫利诱和欺骗下被掳掠、贩卖到海外去做苦力的，没有任何人身自由，并且遭受非人待遇，与奴隶无异。"苦力"通常又被贩卖者称为"猪仔"，是故，苦力贸易又俗称为"猪仔贸易"，足以表明西方殖民者和人口贩卖者把契约华工当作畜牧对待。西方殖民者为掩饰其贩卖性质，在其文献中更多地使用"契约工人"（Indentured Labour）一词。在鸦片战争以后的海外移民中，契约华工是最重要的成分，苦力贸易也是华侨史上最悲惨的一页。

黄乃裳画像（朱婷提供）

除契约华工出国外，福州还出现了民间自愿联合的集体性移民垦殖，代表人物是黄乃裳。黄乃裳是近代福州华侨先贤，闽清人，光绪二十四年（1898 年）他在北京参加"戊戌变法"失败后回闽，目睹福州乡亲民不聊生的景象，决计往南洋群岛为桑梓穷苦同胞辟一生活路径。光绪二十五年（1899 年）他携眷南渡，抵达新加坡。黄乃裳为了资助革命，也为了给桑梓同胞谋生计出路，他于光绪二十六年（1900 年）前往沙捞越（今马来西亚砂拉越州）考察，并通过闽人甲必丹王长水介绍，签订的集体移民垦约。黄乃裳经其女婿新加坡华侨林文庆等人的介绍，征得沙捞越"白色拉者"二世查理士·布洛克批准，签订开垦诗巫条约 17 款，将垦场命名为"新福州垦场公司"，根据垦约，黄乃裳从"白色拉者"处筹借了 3 万元开办费，定五年内归还。约成之后，黄乃裳就雇人在诗巫的新珠山盖农舍数间，自己立即返乡，先后奔赴侯官（闽侯）、闽清、古田、永福（永泰）、屏南等地，招募农民以及竹木、铜铁、理发等工匠和少数教师、医生，还备有种子、农具，从 1901—1902 年，先后分 3 批共 1118 人前往沙捞越。他们拓荒造田，耕耘播种，造

黄乃裳创立的《福报》
（朱婷提供）

屋建林，架桥修路，历尽艰辛，建家立业，到1904年获得大丰收。在创办垦场过程中，孙中山先生曾在新加坡鼓励赞赏黄乃裳筹建新福州垦场。黄乃裳学贯中西，与垦民同甘共苦，以民主革命思想设垦区，开创近代以法治精神有序组织移民的先例。当时赌博与鸦片是华侨社会的两大公害，唯独"新福州"立约严禁，独树一帜。如今诗巫已成为沙捞越的一个重要都市，福州籍华人超过十万之众，还有以黄乃裳命名的街道、中学。福州籍华人还为黄乃裳立铜像，以纪念福州华侨先贤开发南洋的丰功伟绩。

在沙捞越，华人社会民族传统文化十分浓烈。如华人农历正月十五元宵节的游灯、清明节的扫墓祭祖，其盛况比起办几件实事有过之而无不及，有些地方如诗巫、满城流行讲福州话，甚至许多土著人也会讲这些方言。华人庙宇很多，在古晋、诗巫、民都鲁、美里等地，华人的"大伯公庙"就建在闹市之中，每逢初一、十五，人头攒动，香火极盛。

除契约华工出国、集体移民垦荒外，也有不少人因生活所迫，零散到海外谋生，此为近代福州海外移民的第三种形式。从记载看，此类移民以福清为最多。近代福州人移民日本则是在日本明治维新以后，并且集中在 1920—1937 年，以福清高山、东瀚、三山、沙埔为最多，居住地也由此前的长崎扩展到九州岛的福冈、熊本、鹿儿岛、大分、佐贺等县。也有少数分散在东京、大阪、神户、横滨等大城市。近代福州人移民美国则是在 1848 年美国加利福尼亚发现金矿、掀起淘金热以后，但作为劳工的移民人数不多。1911 年以后美国用庚子赔款在中国创办第一所高等学府清华学堂，作为留美的预备学校，遂有一部分福州籍留学生移居美国。此外，还有一些知识分子、海员移居美国。

中华人民共和国成立后，受西方资本主义国家封锁的影响，中国大陆对外贸易主要通过香港进行，出国人员大多是因公出国，持续数百年的对外移民活动基本上已停止。20 世纪 70 年代起，尤其改革开放以来，福州的新移民人数增长迅速，是中国新华侨人数最多的群体。福州沿海地区新华侨的移民方式主要有家庭团聚移民、留学移民、劳务输出移民、投资类移民、非正常渠道移民（非正常渠道滞留、非正常渠道入境或出境）。

闽都海外移民的不断发展带动了闽都民俗等文化在世界的传播。如东南亚的福州人眷恋故乡，时温乡情，不忘传播家乡文化，对福州的评话、闽剧、十番、安南伬等十分爱好和欣赏。海外老一辈华侨有沿袭故乡的岁时习俗和婚丧喜庆节仪的传统，如正月初一点烛鸣炮，迎新岁，敬天地，拜祖先等。元宵节、清明节、端阳节、中秋节、冬节等节日习俗也都照例。福州人移居东南亚时，往往把

春节祈福

家乡的神明带到居住地，一方面是为生存求得心理安慰，另一方面表现了对故国家园的眷恋。如福州仓山区建新镇台屿村的神庙中供奉陈真君，台屿人称其为"真君爷"。台屿人传说，陈真君即宋代太学生陈东，因主张抗金而被宋高宗下旨斩首。台屿人因陈东忠烈，就塑其像于神庙中，以扬忠烈，播正气。随着台屿人迁居新加坡，陈真君信仰也被带到了新加坡，不仅成为新加坡台屿人的共同信

纽约华人街（朱婷提供）

仰，也影响了新加坡当地的居民。每年陈真君神诞，他们都会聚集在一起祀神。这条神缘纽带联结着新加坡台屿华人与家乡，至今仍在继续。再如在纽约福州人集中的华埠，各种宗教场所林立，让人目不暇接。这些宗教场所，有道观、佛寺、教堂，还有更多供奉家乡民间信仰神祇的场所，各种宗教和平共处。宗教场所也不大，绝大多数没有腹地和庭院，念经、礼佛、上堂等都在一个厅里进行，有的宗教场所杂陈在商铺中。由于纽约福州人的需求多种多样，许多宗教场所也迎合福州人的需要，功能日趋多元，如照天君大殿道士为众人北斗增寿、小孩过关煞、谢剋神、谢目连、僮身主持、看相等。纽约观音寺为顾客处理风水命理、掌相面相、神像开光、卜

纽约华人街 （朱婷提供）

卦转运、生意兴隆、趋吉避凶等。福州人的文艺活动主要在中国传统节日里进行，如春节、中秋节。福州移民照家乡风俗，组成龙灯队、舞狮队，敲锣打鼓上街游行。纽约州长宣布春节为法定中国纪念节日，春节期间以花车和民俗表演吸引上万群众观赏。纽约皇后区艾姆赫斯特图书馆近年来连续举办中国春节庆祝活动，内容有年节食品、民俗文艺展出和表演，如家乡的花灯、春联、剪纸、丝花、折纸等，能者当场动手表演，爱好者四周围观。另有表演节目如太极拳、戏曲演唱、中国民族乐团的乐曲演奏，还有播放中国年录影。福州侨民们把充满浓浓乡音与乡土风情的地方戏带到纽约唐人街，获得中外人士由衷的好评。

二 闽都海外移民特点

　　闽都海外移民作为闽都文化的一个重要特征，在闽都文化发展史上留下了浓墨重彩的一笔。纵观整个闽都海外移民史，闽都海外移民有以下四个特点：

　　一是闽都海外移民的宗族观念强，讲团结互助。闽都海外移民在侨居国往往同族、同宗、同乡聚居一处，有事互相关照。因此，侨居海外的福州人社团众多，主要有按地域组织的社团，如美东福建同乡会、美国福建公所、美国长乐公会、美国福州十邑联合总会、美国福清同乡会、美国福建马尾海外联合总会等；按行业性质组织的社团，如美东福建工商总会、美东福州总商会、纽约福建商会、美国福建促进会、纽约福建促进会、美国福建经贸促进会等；同乡社团，如马来西亚的福州会馆、福州社团联合总会、福州公会、福州十邑会馆等，新加坡的世界福清同乡联合总会、国际福州十邑同乡总会等；宗亲社团，如新加坡的福州洪氏公会、福州义序黄氏公会、福州杨氏公会等，缅甸的陈氏福州公会，马来西亚的福州刘氏公会等；经济社团，如新加坡的福州咖啡酒餐商公会，印尼雅加达的布商公会、金商公会等；福利社团，如马来西亚诗巫光远慈善社，印尼吉祥山基金会，泰国三山慈善院等。福州的华人社团在举办公益事业、调解纠纷、以集体名义与当地政府交涉、加强与其他侨团联系等各方面发挥重要作用。

　　二是闽都海外移民在侨居地的艰苦创业，促进侨居国经济社会的繁荣。明朝中叶以前，中国的科学技术和经济发展水平均居世界前列，早期福州海外移民在相对落后的东南亚定居后，为当地农业、手工业发展带去了较高的生产力，从农作物的种植到造船技术、制瓷技术、建筑技术、纺织技术等，无不对当地经济发展产生重要影响。印尼史家陶威斯·德克尔在《印尼史纲要》一书中写道："我们的祖先是向中国学习用蚕丝纺绸的，不久，我们自己也会纺绸了。"印尼前总理阿里·沙斯特罗阿米佐约在谈到古代华侨对印尼的贡献时指出："中国的帆船不仅带来了货物，随之而来的还有中国商人、工人、手工业者等，他们在我国定居下来，带来了中国的技术和古老的文化。直到现在，我们的许多岛屿还保留着这些中国文化的精华。"鸦片战争以后，福州华侨成为西方殖民者开发东南亚殖民地的劳动力来源之一，在锡矿开采、种植园开辟、热带和亚热带经济作物的种植等方面作出了贡献。

三是闽都海外移民心系祖国，与中华民族命运休戚与共。海外华侨的命运与祖国的兴衰荣辱紧密相联。从辛亥革命到抗日战争，福州海外华侨均以不同形式发挥了积极作用。辛亥革命期间，福州华侨踊跃捐款资助孙中山以推翻清王朝、建立共和国为目标的革命，在推翻清朝、光复福建的斗争中发挥主导作用。闽清籍华侨黄乃裳、福清籍华侨林孝楼等均发动侨胞筹捐巨款资助国内革命。有的华侨甚至从海外回归积极投身革命。除黄乃裳、林孝楼外，还有诗巫华侨徐端、刘家洙、刘逸夫、刘贤吁、林丛发、黄天保、张玉声、林文聪、李崇瑞、黄复、许凯人等，从事反清救国工作。福州光复后，广大华侨又组成学生北伐队，参加北伐战争。抗日战争爆发后，不少福州华侨毅然决然支援和参加祖国抗战。闽侯县印尼归侨、抗日女英雄李林，闽清籍沙捞越华侨陈公英，连江籍新加坡华侨刘友銮等均为杰出代表。解放战争时期，一批福州归侨参加人民解放军，南征北战，为中华人民共和国的成立作出贡献。从 19 世纪末至今，福州籍华商遍布世界各地，在这期间华商们取得了很大的成绩，他们的影响力引人瞩目，并且有着"扎堆"的特点，例如长乐人大多到纽约发展，而福清人大多到日本发展。20世纪90年代，为反对"台独"势力等反华卖国行为，福州侨领率领50多个华人团体在纽约哥伦布广场举行集会游行，声势浩大，引起社会各界重视。

四是闽都海外移民在侨居地与当地政府、人民交流沟通的过程中，传播了闽都文化。1900年，福州籍华人黄乃裳在马来西亚成立了"新福州垦场"，先后招募福州乡亲迁移此地垦荒。当时移民于此的大多数人来自福州府的侯官、闽清、福清、永福、古田等地，他们带上农作物种子、农具等前来垦殖，经过辛勤劳动，使这里成了橡胶种植基地。此后，福州亲戚同乡相继前来定居，使这一带成为福州邑同乡的聚居地，至今被称作"新福州"或"小福州"。经过100多年的辛勤开发，现在的诗巫已成为沙捞越的第三大城市，现有人口30万。他们定居此地不过三四代，依然留存着浓郁的故乡文化情结。如这里的福州人结婚，上完教堂后仍要按福建传统民俗举行；这里的福州籍华人在语言上认定普通话和福州话为母语，所以诗巫的华人学校多达几十所；这里成立有华族文化协会、华人基金会、慈善会、华族银行，出版华语报纸书刊，建有福州十邑文物馆、黄乃裳纪念公园、华人义山墓地等。在大洋彼岸，福州人已成为美国华埠最大的华人移民群体。纽约福州人主要集中居住在三大华埠：曼哈顿的唐人街、皇后区的法拉盛、布碌仑的八大道，也有部分居住在大纽约地区或外州。美国纽约许多地方也烙上了鲜明的福州色彩，如纽约的"福州街"已取代原"东百老汇街"。"福州人在纽约"已成为中国当代人口跨国迁移的重要现象。这些不仅影响了当地的华人，也让当地人对福州文化有了一定的认知，促进了文化的交流。在海外，由于人口迁徙而组成的福州籍华人社团在维护华侨利益、维系民族情感以及推动与所在国的科技文化交流合作中起到了积极作用。近几年来，福州籍社团频繁组织海外乡亲参加福建经贸活动，例如投洽会、海交会、花博会等。在全球各地的闽商社团和商会的推动下，全世界众多国家和地区的代表以及国内各地经商人士都积极参加。这些经贸活动不仅拉近了福州与旅外华侨的距离，而且促进了闽都文化的跨文化传播，增进了福州与世界各国人民的友好交流。

伍

闽都宗教海外交流传播

闽都宗教文化资源丰富，福州宗教的海外交流主要有佛教、道教两类。

一　闽都佛教海外交流

　　闽都佛教源远流长，佛教寺庙分布密集。佛教于东汉时传入中国。三国时，福州属吴国管辖，吴赤乌十年（247年），天竺康僧会到吴国首都建业（今南京）弘法，孙权为之建寺。因为此寺是吴国最早的寺院，故名"建初"。至永安三年（260年），吴国设置建安郡，侯官县（今属福州）隶属于此郡，但当时福州并没有寺院。直至西晋太康年间，福州才有寺院。后梁时来华的古印度高僧三藏法师拘那罗陀，于陈永定二年（558年）来到晋安郡（福州），在晋安佛力寺校译佛经两年多。后又"泛小舶至梁安郡（今南安丰州）"，直到天嘉三年（562年），才"发自梁安，泛舶西引"。律学后僧智文法师讲经晋安，听者甚众，史称"讲译都会，交映法门"。可见福州已是国际佛学文化交流的重要地方。唐初，福州有很多海外来客，或"来朝"，或"入贡"，以至闽中有"市井十洲人"之众。于邵更称福州为"闽越都会，东南重镇"。唐初有新罗僧人慧轮泛舶来闽。到中唐时，外国僧人频频到访福州，开元寺被官方用作接待"番僧"，番僧齐集寺中交流佛学。晚唐文宗时，有中印度高僧般怛罗来此，传授佛经与梵文学，慕名来学的还有日本僧人。唐朝是中国古代社会经济高度发达的朝代。经济的高度发达必然带动文化的输出，尤其是带有儒家文化色彩的佛教。天宝十年（751年）怛罗斯战役之后，大食控制了中亚，切断了唐朝通西域的陆路交通，迫使唐朝致力于经营海外诸国的海上交通，海路取代陆路成为中外

西禅寺

经济文化交流的主要渠道，为福州海外交通的大发展创造空前有利的时机和条件。福州的海外交通和贸易快速发展，通商地区不断扩大。除"南线"国家增多外，也开通了"北线"，即朝鲜与日本。初唐，福建尚属经济后进地区，福州在与朝鲜、日本佛教交流中扮演中转站的角色。唐初有新罗慧轮师者，"自本国出家翘心圣迹。泛舶而陵闽越，涉步而届长安"；天宝三年（744年），鉴真和尚第四次东渡日本，先期派人到福州置办粮船，准备由此出洋；贞元二十年（804年），日本遣唐使藤原葛野麻吕、遣唐僧空海等人乘船漂流至福建长溪县赤岸镇海口，县长吏将其一行遣送福州，并且"到州，新除观察使兼刺史阎济美成分，具奏，且放廿三人入京"。

到了中唐,福州设置福建经略使之后,福州的社会经济相当繁荣,"福建大藩也居民若是其众也"。据日本方面的记载:宣宗大中六年(852年),唐朝商人钦良晖的商舶自日本肥前国值嘉岛扬帆归国,在海上航行六天,从福州闽江口的连江县登陆,随船而来的有日本僧人圆珍、丰智、闲静等人。圆珍等人在福州居留达6年之久,于大中十二年(858年)搭乘唐商李延孝的船返回日本。由于受唐武宗"灭佛"事件影响,地处东南沿海的福建也受到较大冲击,"鼓山僧徒逃窜皆尽"。直至846年唐武宗死后,福州的中外佛教交流才逐渐恢复,福州开元寺还被官方当作接待各国来闽僧人之所。日籍僧人空海在福州期间,曾登临鼓山,访问华严寺,并留诗一首,题为《灵源深处离合诗》。诗曰:"蹬危人难纤,石嶮兽无升。烛暗迷前后,蜀人不得灯。"空海后来成为日本佛教真言宗(又称东密)的开山祖师。唐诗人马戴咏晋安"宾府通兰棹,蛮僧接石梯",说明当时的福州海外僧人云集,佛学交流兴盛。李洞也有句"潮浮廉使宴,珠照岛僧归",生动地描绘了每年当海外贸易船遣发之际,福建观察使排办筵席、犒设送行以及当海外贸易船返航时,各国僧人乘船接踵而至的动人场面,反映了唐时海外大舶频频直抵福州,进行经济文化交流的盛况。五代之后至两宋时期,福建佛教发展进入高潮,成为南方各道内佛教最盛的地方之一。贸易的兴盛、人员的频繁往来,带动佛教的交流。福州的东禅寺等觉禅院和开元寺先后开雕了大藏经"崇宁藏"和"毗卢藏",创始了民间自发雕造大藏经的活动,并对日本佛教有重大影响。从北宋神宗元丰年开始,东禅寺等觉禅院发起劝募,成就了中国历史上第一部由一个寺院筹资雕造的大藏经。此藏开始只称"大藏经",后因以藏进献徽宗皇帝祝延圣寿,于崇宁二年(1103年)奉敕,赐名"崇宁万寿大藏"。后又因其所在地名和寺名被称为"福州东禅寺大藏"或"东禅寺万寿大藏",当今简称"崇宁藏"。"崇宁藏"经本流传于世界各地,

开元寺

以日本为最多。宋政和二年（1112 年）"崇宁藏"雕造初成，同县的开元寺也已经开始雕造另一部大藏经，并命名为"毗卢大藏经"，同样原因被称之为"福州开元寺大藏"，或合称为"福州开元寺毗卢大藏"，今称"毗卢藏"。"毗卢藏"的全藏，国内已不存，海外亦闻无藏。根据叶恭绰先生探明的东京宫内省图书寮所藏的大藏经可知，日本版经本以"毗卢藏"为主，以"崇宁藏"补缺，系日僧庆政入宋求法，在福州捐财资助雕造，因得携归已经刻成的经本，再委托宋朝的商船将其后遗刊的经本陆续买去，合为全藏。福州版大藏经的传入，对日本佛教的发展产生重大的影响。日本各种佛经开始仿刻出版，翻刻刊本版式几与原本雷同。

华林寺

从建筑风格上也能看出闽都佛教对海外的影响。傅熹年先生《福建的几座宋代建筑及其与日本镰仓"大佛样"建筑的关系》一文写道:"福建地区的建筑特色和日本镰仓时期从中国南宋传过去的'大佛样'建筑极为相像,证明'大佛样'是传自南宋福建的地方建筑式样。""大佛样"旧称"天竺样",是日僧俊乘坊重源为重建 1180 年被毁的奈良东大寺大佛殿,从南宋引进的建筑式样,日本建筑史专家称之为"大佛样"。他们根据"大佛样"中大量使用丁头拱(日本称插拱)的特点,推测它可能属于福建建筑样式。此外,建于南宋绍熙三年(1192 年)的兵库县净土寺净土堂、建于南宋庆元元年(1195 年)京都醍醐寺、建于南宋庆元五年(1199

年）的奈良县东大寺南大门和华林寺一样，具有"大佛样"相同特点，而且风格、构架方法和细部装饰与当时日本传统的"和样"建筑明显不同，是一种全新的建筑样式。虽然这些"大佛样"遗构或多或少地带有日本传统做法，但从构架到细部都有浓厚的福建地方风格，建造这样的建筑恐不是简单地带回图纸所能做到，应是在请来的福建工匠指导下进行的。

佛教与茶也有着很深的渊源关系。福建的茶叶在唐代已成为贡品，宋代北苑茶更是名闻天下。到了元初，福建通过天龙寺船出口的货物中已经有茶叶输往日本。福州的许多寺院不仅是佛教传播的圣地，也是禅茶一体兴盛的名寺。百丈怀海的《百丈清规》"赴茶"条提及："方丈四节将为首座大众茶，库司四节将为大众首座大众茶、旦望巡堂茶、方丈点行堂茶等。""茶道"二字首先由中国禅僧提出，并通过禅茶交融途径向日本、朝鲜等国传播，激发了日本茶道、朝鲜茶礼的产生。有人把"海上茶之路""海上瓷器之路"与"海上丝绸之路"相提并论，这是名副其实，只不过发生在不同的历史时期，所起作用不同而已。

由于宋代盛行"斗茶"，与之相适应的茶具——黑釉碗盏应运而生。北宋末期，建阳水吉镇后井村的建窑因烧制出兔毫、油滴、鹧鸪、瓜皮、曜变等精美斑纹而称誉当世，并一度被指定为皇宋宫廷烧制御用茶盏，引发福州（包括福清东张、连江、罗源、闽清）等地各窑竞相仿制，并且大量通过福州"海上丝绸之路"出口到日本、朝鲜。这些黑釉盏在日本被称为"天目"，为日本朝野僧俗所珍爱。在日本被判定属13—14世纪的长胜寺遗址，出土大量的天目茶碗。在韩国新安海底发现一艘中国元代晚期的沉船，从沉船中打捞出黑釉瓷117件，其中有建窑的黑釉天目碗和小罐。从出土实物的照片资料看，沉船中打捞出的黑釉碗无论釉色还是造型都与建阳水吉镇出土的碗毫无二致，应是水吉窑的产品。这个事实为建窑

鼓山涌泉寺

产品曾远销日本、朝鲜等国的历史提供了有力证据。

福州有许多寺院与东南亚关系密切，福州的僧人常到东南亚宏法，并开辟下院。以福州鼓山涌泉寺为例：福州鼓山涌泉寺第126代住持妙莲法师和善庆法师、监院本忠法师曾前往马来西亚住持槟城广福宫，并在槟城创建了被称为第一名刹的极乐寺。本忠法师前后驻锡槟城三十年，专修净业，槟城信徒皈依者逾千人。志昆法师曾与妙莲法师一起在槟城创建极乐寺，并以副住持身份代理寺务，他曾任马来西亚佛教会筹备会主席，平生热心于佛教公益事业，皈依弟子极多，曾捐巨资供菩提小学、中学兴建教室，自己生活极为清苦俭朴。明妙法师曾受槟城极乐寺住持本忠法师之约，前往极

槟城街景
（赵凯提供）

乐寺任知客，后又赴吉隆坡建怡保三宝洞之圆通谷、弥陀岩、无量寿塔、化身窑、放生池等，曾在怡保建明觉精舍，设置明觉义学，收容失学贫童施以教育，并在马来西亚马六甲创建了明觉寺。伯园法师在马来西亚吉隆坡创建了湖滨精舍。1959年，福州鼓山涌泉寺派出执事2人到马来西亚槟城极乐寺协助寺务管理。曾任福州鼓山涌泉寺悦众、维那等职的瑞源法师，曾从台湾到东南亚考察，后驻锡槟城极乐寺十余年，后又赴香港，最终转回台湾。福州鼓山涌泉寺第129代住持达本法师，早年曾往暹罗礼佛，后又曾赴马来西亚槟城募化。第132代住持盛慧法师，曾多次赴东南亚弘法。曾在福州鼓山涌泉寺修学8年的谈禅法师，后到新加坡弘法，并出任双

槟城街景（赵凯提供）

林寺住持。谈禅法师主法后，佛事兴隆，香火鼎盛，道风远播。出家于福州鼓山涌泉寺的龙辉法师，后赴马来西亚，先后驻锡槟城极乐寺及观音寺、香山寺、合艾莲花阁、崇华寺等，并任马来西亚佛教总会执行委员，参与筹建马来西亚佛学院，对马来西亚佛教的各种建设贡献良多。曾在福州鼓山涌泉寺受具足戒、并入鼓山佛学院受学的镜盦法师，曾至新加坡、马来西亚募化，后定居马来西亚，在吉隆坡卫星城八打灵创建了观音亭，法誉日隆，信徒日增，随即成立观音亭福利基金会，由镜盦法师任会长，对马来西亚社会的慈善事业贡献良多。镜盦法师还创建了马来西亚最大的佛教图书馆观音亭图书馆，在服务社会方面作出了积极贡献。曾在福州鼓山涌泉寺受具足戒的宝松法师，应吉隆坡楞枷山极乐寺之请，赴吉隆坡讲经，并参与怡保三宝洞之圆通谷、弥陀岩、无量寿塔、化身窑、放生池等建设，改建吉隆坡极乐精舍为楞枷山千佛寺，还曾为福州开元寺佛教医院赴新加坡、马来西亚募款，后于马来西亚柔佛州创建了"一真法界"道场。福州其他一些寺院也与东南亚关系密切，如闽侯雪峰崇圣寺华山法师曾应邀前往新加坡和马来西亚讲经，初于怡保东莲小筑讲《大般若经》，后又到马六甲讲《八识规矩颂》，继而又迁金马仑三宝寺讲《贤首五教仪开蒙》，在三宝寺启建华严法会后示寂。崇圣寺达本法师曾赴马来西亚槟城募化，常悟法师曾七次赴东南亚募化。雪峰崇圣寺在东南亚的廨院，有新加坡清华寺、法华寺、龙山寺、普陀寺、普觉寺等，还有马来西亚怡保东莲小筑与心灯精舍。福州西禅寺在东南亚多有廨院，如新加坡双林寺、马来西亚槟城双庆寺、越南南普陀寺（也称舍利院），并长期派出僧人常住管理。

2015 年 5 月 23 日，国家主席习近平在人民大会堂出席中日友好交流大会并发表重要讲话。他指出："我在福建省工作时，就知道 17 世纪中国名僧隐元大师东渡日本的故事。在日本期间，隐元大师不仅传播了佛学经义，还带去了先进文化和科学技术，对日本江户时期经济社会发展产生了重要影响。"这段话深刻概括了黄檗文化的具体内涵，高度评价了隐元禅师作为促进中日友好的文化纽带的历史贡献。

唐大中二年（848 年），黄檗希运来到现今福清市渔溪镇的黄檗山万福寺出家。希运禅师弟子义玄跟从学法 33 年，之后往河北正定建临济院，广为弘扬希运禅师所倡启的"般若为本、以空摄有、空有相融"的禅宗新法，后世称之为"临济宗"。福清黄檗山万福寺成为临济祖源，黄檗希运的《传心法要》及《黄檗禅师诗》成为临济宗的重要组成部分。万福寺则是由莆田人士正干创立的。唐贞

日本京都黄檗山万福寺

元五年（789年），正干学禅得法后回闽，路经黄檗山，爱其山川灵秀，想起师父"遇苦即止"的赠语，因悟"黄檗味苦"，便开山结茅创立"般若堂"，后增辟院落，朝廷赐名"建福禅寺"，俗称"黄檗寺"，明朝时赐额"万福禅寺"。

隐元禅师（1592—1673年），俗姓林，名隆琦，祖籍福清上迳东林村。万历四十八年（1620年）出家于福清黄檗山万福禅寺，是唐代黄檗希运法子义玄禅师开创的临济宗第32代传人。南明永历八年（清朝顺治十一年，1654年），63岁的隐元禅师在先后经历了日本方面的三次恳请后，率徒众30多人，从厦门起航东渡抵达长崎，住持兴福寺，此后又历住长崎崇福寺、摄州普门寺（今大阪府高槻市临济宗普门寺）。日本宽文元年（1661年），隐元于京都府宇治郡太和山创建新寺，亦名黄檗山万福禅寺，以示不忘故土根源。宽文十三年（1673年），隐元禅师示寂于京都黄檗山。隐元禅师一生在中日两国住持过7所道场，开堂说法近30年，培养嗣法弟子23位，法孙50多名。其语录著述丰富，仅在江户时代的刊本就有40多种传世。隐元禅师开创的日本黄檗宗，传承至今，对日本佛教影响深广。

南明永历十三年（1659年），日本皇室赐宇治山麓一万坪地给隐元禅师创建新寺，新寺规制悉照中国旧例，也取名"黄檗山万福寺"，建筑、雕塑一律按照福清万福寺样式，保持明代的风格，气势

隐元大师

宏伟，金碧辉煌，寺院的造像也由来自泉州的名匠范道生负责。此后，日本新建的禅寺都仿照万福寺，不仅建筑样式相同，连装饰色彩也一样。由此，隐元禅师成为日本黄檗宗的开山鼻祖，福清黄檗山万福寺也成为日本黄檗山万福寺祖庭。日本宽文三年（1663年）正月十五，隐元禅师在京都黄檗山万福寺举行开堂法会，这标志着

黄檗宗正式为日本佛教界所承认。在日本，隐元禅师被看作中国明朝渡日移民的代表。他与黄檗宗僧人及同时代优秀明朝移民的文化活动，超越了佛教层面，波及江户时代日本社会和民众生活的各方面，促成了中华文化与思想的广泛影响。这样形成的综合性文化现象，在日本社会被称为"黄檗文化"。它促成了江户时代日本社会的高度发展，为19世纪的明治维新与近代化奠定了基础。在佛教内部，作为黄檗文化内核的黄檗宗，从禅风思想、戒律清规、法式仪轨、教团组织、丛林制度等方面给日本佛教带来深刻影响。在佛教以外，黄檗文化在思想、文学、语言、建筑、雕塑、印刷、音乐、医学、茶道、饮食、绘画、书法、篆刻以及民众教育、社会事业等方面，促进明朝文化融入江户文化，并创造出新文化。隐元禅师以日本的"新黄檗"为中心，重刻出版《弘戒法仪》，制定清规戒律，整顿禅风，倾力传法，邀请他前赴讲经的寺院络绎不绝，皈依其门下的僧人也与日俱增，黄檗文化迅速在日本传播开来。自隐元禅师东渡东瀛，福清黄檗山万福寺禅师共有16位应邀担任日本黄檗山万福寺住持，前后跨度近130年。黄檗宗最盛时在日本有1100多座寺院、33个塔头，僧俗信徒达2500多万人，形成日本佛教临济、曹洞、黄檗三足鼎立的新格局。隐元也实现了"祖道晦久，必明于东"的初衷。

鉴于隐元禅师的卓越功绩，日本后水尾法皇在隐元禅师圆寂前一日，特加封号"大光普照国师"，以示尊崇。此后每隔50年，在隐元禅师忌日之际，日本历代皇室都持续追谥隐元禅师，历经7次加封。这种持续封号追赠，即使在日本本土的僧人中也不多见，而在其他渡日僧人中更是绝无仅有。明末清初，继隐元禅师之后，其法统继承人、祖籍晋江的木庵禅师，于南明永历九年（1655年）从晋江安平港启航，东渡日本弘法，于日本宽文四年（1664年）继承隐元法席，任日本万福寺住持，成为"日本黄檗宗二祖"，获授日本天皇钦赐紫衣。以隐元与木庵为首的黄檗禅僧和大批文化人的东渡，直接传播了中国文化，在思想、文学、语言、绘画、书法、建筑等方面，都对日本近世文化的发展产生了深远的影响，也使中日文化交流更为密切。其中最具代表性的当属印刷术。早期东瀛刊刻印刷技术并不成熟，出于面向一般民众普及教育的愿望，隐元禅师将雕版印刷术广泛推广，雕版印刷在很长一段时间内成为日本印刷界的主流，并形成了今日通用的明朝体文字。具有鲜明的汉传佛教文化风格的黄檗宗已深深扎根日本，成为中日文化交流的见证和纽带。如今黄檗宗已经成为日本佛教的一个新盛宗。长崎万福寺的法席，自1680年木庵禅师退隐后至今已传至57代，其中前21代（除第14、16、17、19代外），主要是由中国高僧担任。

隐元禅师不仅创立了日本禅宗三大宗派之一的黄檗宗，更传播了辉煌灿烂、经久不衰的黄檗文化，可谓是一次成功的对外文化传播。这样壮观的文化洪流，这样深刻的交流互动，在历史上可谓罕见他例，盛况空前。这些东渡僧人与明朝移民是中华文化的弘扬者，其德行业绩受到日本社会的广泛认可与长久怀念。1979年，日本黄檗宗各寺以宗议会议长吉井鸠峰为团长，组成"古黄檗拜塔友好访华团"，来到福清黄檗山万福寺拜塔礼祖，恢复了中断已久的中日两国黄檗宗佛教的友好联系。此后，以黄檗文化为主题进行的中日民间交流络绎不绝，日本许多黄檗宗寺庙的僧侣和信众更是多次来福清追祖溯源。1996年，日本黄檗宗信徒来到东林村，捐款160万元建起三层楼900多平方米的隐元图书馆，既寄托了对隐元禅师带去中华文化促进日本进步的谢意，也寄托了对中日两国继续文化交流的期许。2015年4月，福清黄檗文化促进会成立，在致力于整理黄檗文化资料的同时，加强同日本的民间文化交流，先后组织开展多次大型中日民间文化交流活动。2016年10月，日本也成立黄檗文化促进会，与福清方面加强对接，在更高层面和更广领域传承弘扬黄檗文化。

发源于福建福清的黄檗文化，就是中国文化跨海向外传播、影响海外的一个例证、一个缩影。同名的黄檗宗，同名的万福寺，同源的文化血脉，即便在千年之后的我们看来，也倍感亲切。

除了闽都佛教在日本广泛传播外，放眼南洋地区，也有闽都佛教名士为中国与南洋的文化交流作出巨大贡献。圆瑛法师（1878—1953 年），中国近现代佛教领袖，法号宏悟，别号韬光，又号一吼堂主人，古田县人。他幼读诗书，聪颖过人。18 岁在福州涌泉寺出家，从妙莲法师受具足戒。先后从当时禅宗名师冶开、寄禅修习禅定，又从通智、谛闲、祖印、慧明、道阶法师听经研教，广猎大小乘诸经论，对《楞严经》造诣尤深。 1929 年与太虚法师共同发起成立中国佛教会，并连续数届当选主席。1953 年中国佛教协会成立，圆瑛法师被推选为第一任会长。圆瑛法师一生为团结全国佛教徒、促进和平作出了巨大贡献。他不仅佛学高深，还是一位爱国主义的楷模、爱国爱教的高僧。他主张"国家存亡，匹夫有责；佛教兴衰，教徒有责"。1931 年"九·一八事变"后，他写下了"出世犹垂忧国泪，居山恒作感时诗"的心愿，通告全国佛教徒，启建护国道场。他以中国佛教会主席的名义致函日本佛教界，号召日本佛教界"共奋无畏之精神，唤醒全国民众"，"制止在华军阀之暴行"。在函中，圆瑛法师指出："我佛以慈悲平等救世为主义，贵国号称信奉佛教，对国际间应实施慈悲平等主义，而造成东亚之和平，进一步而造成世界之和平。"从佛学的角度，阐明了处理国际关系所应持的平等原则。圆瑛法师致日本佛教界的函，语重心长，富有说服力，在日本佛教界产生很大反响。从 1907 年到 1948 年，他先后一生 7 次前往南洋，临途讲经弘法，在当地进行佛学以及诗歌等交流，为中国与南洋的文化交流作出应有的贡献。1937 年 10 月和 1938 年 9 月，圆瑛法师两次偕徒明旸法师到新加坡、吉隆坡、槟榔屿、马六甲等地，组织华侨募捐委员会，借讲经说法机会宣传救国道理，提倡"一元钱救国运动"，广大侨胞踊跃捐款，他募得巨款，支援抗日救亡运动。

历史上，福州通过与日本、东南亚等国家和地区的佛教交流，促进了中外文化的交流，增进了中外人民的友谊，丰富了中国文化的内涵。

二 闽都道教海外交流传播

闽都道教主要传播于琉球。琉球人的文化受中国和日本本土的影响较大。从宗教上看，琉球人中既有信奉佛教和琉球神道的，也有不少道教的信徒。不少道教神祇在琉球都有不少信众，并被琉球神道吸收。琉球道教文化起自闽人三十六姓迁居琉球。闽人三十六姓是道教文化进入琉球最直接的传播者。琉球国史记载："明洪武壬申（1392 年），敕赐闽人三十六姓以敷文教于中山，兼令贡典。"闽人三十六姓的落户，对琉球社会的移风易俗发挥了巨大作用，以至于万历年间，琉球官方上疏恳请明朝再赐华人入居琉球。有人推测，闽人三十六姓中就有精通易术之人，抛开这个不论，单就道教活动本身与民间习俗的密不可分来看，迁来的三十六姓闽人的日常生活一定带了浓厚的道教文化色彩，如后来广泛流布于琉球的"泰山石敢当"就是由三十六姓自福建携入，并与当地文化逐渐融合，再进而传入日本本土。所以琉球史家伊波普猷所著《孤岛苦之琉球》曾云："冲绳道教思想浓厚，实因三十六姓华裔移民而起。"而作为文化传播的重要途径，迁入人口的繁衍生息又保证了文化的持续发酵，从而对当地的经济、政治、文化产生稳定而深远的影响。

据《久米村家谱》记载，闽人三十六姓后裔蔡温于 1708 年赴闽学习风水地理，后来成为琉球著名政治家，被后人列为"琉球五伟人"之一。当时，琉球曾有迁都的动议，他著《三府龙脉记》考察风水，论述玄理，最终说服了有迁都念头之人。官方交流也是道教文化传播的重要途径之一，中国与琉球间的使节交流以及琉球派遣的留学生促进了道教传播。明清两代凡二十五次遣册封使至琉球岛，"去必仲夏，乘西南风；来必孟冬，乘东北风"，每次逗留半年，甚至"踰年始返"，正副册封使率领的"文化使团"，囊括了"医画、书办、门皂、行匠"，以及"饮食、物用、弓矢、器械之类，观星占风、听水察土、医卜技艺之流"。此外尚有"僧道各役"负责具体的法事："命道士举醮祭桅"，"道士取旗祝之，噀以酒，合口同言'顺风吉利'"，"于是令僧道设醮施食"。在琉球使团留驻福州数月或更长的时间里，他们不仅从更深、更宽广的层面接触了中国文化，而且不少使臣更是肩负着政府规定的特殊学习使命。《琉球国由来记》"风水"栏记载，康熙六年（1667 年），琉球派遣周国俊为留驻福建琉球馆的通事，"到于闽学地理"。地理即所谓堪舆，是道教风水文化的重要组成部分。民间舟楫交流，特别是在占风观星等航海经验上的共享，交流对道教文化的传播起了不可忽视的作用。隋初陈棱等人抵达琉球列岛时，"（琉球）人初见舡舰，以为商旅，往往诣军中贸易"，说明之前定有不少中国人到琉球岛进行贸易活动。降至明清，"通番禁弛"，民间远航与东亚、东南亚诸国进行私下贸易的现象更为普遍。大海汪洋，覆溺之患时时有见，无论华人飘风滞留琉球，还是琉球难民漂至中国海岸，对方都会积极救助，甚至无偿派人护送归国。劫难之后，大家一边总结占风观星等航海经验，一边加倍虔诚地祭祀各路神祇，这客观上也起到了向琉球传播道教文化的作用。琉球本身即有神仙信仰，因而道教能很快落地生根。琉球汲纳道教文化，除了外在的客观原因，更有深层次的文化因由。琉球自古是多神信仰的国家，而中国道教本身也带有明显的泛神论色彩。巫女制是琉球原始宗教的特色，而道教发端之初，也吸收了大量楚国原始巫俗。琉球敬仙人，"虽无道士，却敬神仙"，道家尊崇"御风而行，泠然善也"的出尘人物形象，这也是道教在琉球传播开来的又一原因。因与琉球列岛历史上固有的信仰与传统相契合，道教文化传入琉球很快就落地生根，茁壮萌芽，其间并没有遇到摩擦与抵制。还有最重要的一点，文化总是从高到低顺序流动，作为明清两代王朝的藩属国，琉球"以小事大，如子事父"，歆慕中华文明，浸染在汉文化圈 500 余年，裹挟在汉文化里的道教文化自然而然也就被传播并为琉球社会接受。明清海禁，琉球的朝贡贸易是少数被中国官方认可的对外贸易之一，"番舶转贩于夷者无虑十余国"，琉球不仅成为中国与东亚、东南亚及海外诸国货物交流的中转地，还成为中华文明的传播地。我们应该重视明清期间，琉球国在中日政治、经济、文化全方位对话中所起的重要作用。

陆

闽都思想与文学艺术海外交流传播

福州作为怀江临海的海湾盆地和港口城市，从远古时代起，除有发达的对外货物贸易外，同时也有不少思想和文学艺术的海外交流。

一 闽都思想海外交流传播

早在六七千年前，东南沿海的古越人，已然搭乘舟筏，远航去了南太平洋诸岛，带去了古越人的原始文明。而真正有记载的沿海古闽人、古越人、古闽越人的海上交往，最早的则在先秦和秦汉时期。唐初，福州有很多海外来客，或"来朝"，或"入贡"，以至闽中有"市井十洲人"之众。到中唐时，外国僧人频频到访福州，开元寺被官方用作接待"番僧"之所，番僧齐集寺中交流佛学。五代时，福州国际交往更加发达，海外国家纷纷派遣商使向闽王国朝贡、贸易。东北有高丽、日本，西南有占城、佛齐诸国，"亦逾沧海，来集鸿胪"，"虽云异类，亦慕华风"。可见中华文化对海外各国的影响力和吸引力。

宋代，福州海外贸易十分兴盛，推动了对外文化交往的发展。北宋景德元年（1004年），"安南大乱，久无酋长，其后国人共立闽人李公蕴为主"。南宋末，福州长乐人谢升卿，"不屑为举子业"，后流落至安南国，因"会试举人，谢居首选"，成为国相之婿，国相又为国王之婿，国王无子遂由谢"得国"，王更名陈日煚。说明闽人以优秀文化而取得地位，产生很大的势力和影响。熙宁三年（1070年），高丽王上表请派医药、画塑人员，朝廷令福建转运使招募。高丽王还乞借乐艺等人，并通过泉商人运送雕造的经版。嘉定七年（1214年），日僧法忍净业来华，驻留福州开元寺，回国时带回经文。嘉定十年，日僧庆定在福州东禅寺和开元寺印制《大藏经》带回本国。日本高僧重源等三次入宋，曾在雪峰寺修禅，并购买福州出版的《大藏经》回国，此经在日本多有保存，说明其时福州印刷业兴盛，有大量佛经可供外僧带走。这不仅影响了日本佛教的发展，而且刺激了日本印刷业的发展。宋代因福建印刷业发达，时人有诗曰"万里车书来上国"，形容闽版图书贩往国内各地；更有称"书籍高丽日本通"，形容闽版图书行销播行于海外各国。故从宋元时期开始，朱子学（闽学）在韩国、日本广泛传播。宋代的福州盛产丝绸，不乏能工巧匠，在北宋时丝织工艺就传入越南。越南李朝太宗皇帝（李公蕴）"既教宫女，织成锦绮"。菲律宾也从福建引进了锦缎和各种丝绸，甚至还进口了铁针，其妇女因而学会了刺绣。印尼巨港妇女也学会了手工织锦纺绸技术。渐渐地，福建的各种手工技术也传播到了海外，如造纸、烹饪、制盐、铁工、陶瓷、油漆工艺及家具制作等。宋代福建的中医学传入朝鲜、日本，福建版的医学著作和药方也传入该地，如《太平圣惠方》《杨氏家藏方》《类证普济本事方》等皆传入日本。福建文化的对外传播，其中多有福州人的贡献。

元代福州因国际贸易和人员交往繁盛，人称"闽海一都会""闽海东南大邑"。大德元年（1297年），福建名僧明极楚俊等人，应邀赴日本讲经，日船特地开到福州迎接，可知僧人的国际交往与学术交流十分频繁。元泰定三年（1326年），日本镰仓净妙寺派僧徒入元，求福州版大藏经。当时入元日僧船都在福州靠泊，福州刻工也随日僧和商人前往日本，从事刻印事业。他们大多刻印佛教典集和古代文人的文集，为日本文化发展、为中日文化交流作出了贡献。

明王朝初立，朱元璋重视市舶之利，遣使四方，招徕各国贡市，中外交往频繁，后因倭寇在沿海各地为患，遂由开海转为禁海。明成祖即位后，命郑和下西洋，以"宣德化，徕远人"，开启"厚往薄来"的礼仪邦交，也因此促进了福州的对外交往。

福州在国际关系中维持最久而又影响最大的应数明初朱元璋赐"闽人三十六姓"予琉球，开启了中琉宗藩关系与封贡贸易、文化交往的序幕。这种全面的友好国际交往在当时应是独一无二的，树立了良好的榜样。琉球旧称"流求"，明朝廷将当地誉以"琉球"之美名，意为琉璃玉和珍珠球。琉球地处东亚，于日本九州岛与中国台湾岛之间，由多个岛群组成，如一串玉带珍珠般撒在海上。琉球的海洋地理位置十分优越，以"东北亚和东南亚贸易中转站"之名而著称，海上贸易发达，号称"万国津梁"。清宫旧藏《册封琉球图》中描绘了中国明清两朝册封使从福州南台出发，至太平港罗星塔上封舟，从五虎门放洋入东海，乘风破浪几经波折到达琉球那霸港的情景。从地理位置上看，琉球处于福州东北面的海上，从琉球首都首里城那霸港往福州显然比较近，凸显出闽都与琉球特殊的地域关系。历史上，由于孤悬海外，琉球的发展程度较低，形成王国的时间也比较晚。明朝初年，琉球群岛存在三个小国，分别是山南、中山、山北，其中中山国最强。洪武五年（1372 年），明太祖朱元璋派遣行人杨载向琉球中山王发出诏谕，建立友好关系。同年十二月，琉球中山王察度即派遣其弟泰期等随同杨载入朝，奉表贡方物。皇帝诏赐察度大统历法及织金文绮、纱、罗、袭衣等物。就这样，中国与琉球建立了正式的外交关系。由于琉球国小民贫，生产力远落后于中国，自与明朝邦交后，总是借各种名义来华，或朝贡，或请封，或谢恩，或送返海事难民等，以祈求中国在政治、经济、文化上给予帮助。比较棘手的问题是入朝献贡，因海路波涛汹涌，海况恶劣多变，朝贡活动常常受到海浪危害。明太祖鉴于琉球来华使节海上航行困难，特赐擅长造船与航海技术的"闽人三十六姓"移居琉球，以协助琉球朝贡。福州成为其时中琉封贡交往的唯一指定口岸，"后番舶入贡，多抵福州河口"。福州还是琉球国主要的修造船基地。明景泰元年（1450年），琉球国来使向明王朝申请"愿以赐币造船"，明廷"礼部请移文福建三司，听其自造，不得扰民"。琉球国还在福州修船：成化九年（1473年），琉球船只往满剌加诸国贸易后，又至福州自备工料，修船回国。那些被赐往琉球的三十六姓闽人及其后裔，在琉球或入朝廷任官，行教化之任，或在民间传授造船工艺、航海知识、建筑技术、陶瓷制造及染织、石雕工艺等。更有向琉球学人传授文学、艺术、书画及各种技艺的。琉球贡使多是福州籍人后裔。明人郭造卿言："后番舶入贡，多抵福州河口，因朝阳通事三十六姓，其先皆河口人也，故就于

林浦村廉江书院（黄明新提供）

林浦村林浦码头（黄明新提供）

此。"这三十六姓，多为福州台江河口（今小万寿桥附近）一带善于架船的福州人。按明初政府规定，琉球使团应从泉州上岸，但琉球使团没有严格遵守，为图登岸方便及回乡省亲等原因，经常从福州港上岸。如正统四年（1439年），巡按福建监察御史成规报："琉球国往来使臣俱于福州停住。"位于仓山南台岛东北部的福州林浦村，是琉球闽人三十六姓中林氏的祖籍地，林浦码头又是册封舟和琉球贡船的停泊地点。明永乐十九年（1421年），林元美中进士后，福州林浦林氏逐渐在科举上崭露头角，出现了"七科八进士，三代五尚书"的奇迹。闽人三十六姓移居琉球带去先进的中华文化，世代繁衍生息，其后裔在治理国家和传播中

琉球琉璃盘

国文化方面也作出了很多贡献。如郑迥，明嘉靖年间入北京国子监学习，回琉球后深受器重，累官至法司，故有"三十六姓为法司，自迥始"之说。蔡温擅长土木建设，至今那霸市中心还有纪念他的蔡温桥和蔡温广场。程顺则于1718年在久米村孔庙设立了明伦堂，为琉球最早的儒学官方教育机构。他以德行著称于琉球，和蔡温并称为琉球国历史上两大伟人。闽人三十六姓对琉球国社会发展及文化的繁荣作出了卓越贡献，使原来比较落后的琉球变成"风俗淳美"，"易而为衣冠礼仪之乡"，留下了"先有久米村，后有琉球国"的佳话。明代册封使萧崇业赴琉球册封时，"取福州者，自医画、书办、门皂、行匠六十余人"。中华文化由此在琉球广泛传播开来。同时，通过琉球，中国书籍也传入日本，大大推动日本文化的普及与发展，其儒学、史学、文学、医学、书画艺术等无不深受影响。大批来福州学习的勤学生，他们来榕"学文习礼事"，学习汉文、礼仪、各种手工技艺和文化生活知识，如经学、理学、文学、医学、书法、绘画、音乐、天文、建筑以及工艺美术等。福建先进的文化相当一部分是通过来闽的勤学生传入琉球。出使琉球的中国官员和随员，多有学识与文化专长，在彼处逗留期间，通过交流传授知识、传播文化，大大促进中琉之间的文化交流。据《琉球国由来记》载，因闽人的活动，"从此本国重师尊儒，始节音乐，不异中国""中山文风真从此兴"。可见福州作为国际文化传播中心，在琉球、日本影响之深广。

清代，福州的对外贸易和交往颇同于明代，也是初期实行禁海甚至迁界，后颁开海令与展界令，晚期因受列强侵略而被迫开放通商口岸，福州对外贸易与文化交往因开放而逐渐转型，开始融入国际化大交流之中。福州作为省会城市，其文化集中代表了福建文化的基本内容与主要特色。清代对外文化交流，起初沿袭明代的做法，继续着中琉之间的文化交往。福州人不仅在作物栽培、园林艺术、手工技艺、造船航海技能、中医中药知识等方面传播于琉球、日本，更将中国的儒学文化和经典著作通过海运传输到日本、琉球、朝鲜、越南等汉文化圈内的国家和地区，其影响十分深远。

近代开放通商口岸以后，列强纷至沓来，"欧风美雨"随之而至，福州人的社会生活和文化意识也因之发生变化。这一时期，留学西方和日本的学人打开知识闸门，沟通东西文化，其代表人物有林则徐、严复、陈季同、罗丰禄、魏瀚、王寿昌、林纾、陈寿彭等众多有识之士，开风气之先，从事翻译、演讲、著述，会通中西文化，有关福州历史、地理、物产和社会生活的著作、文章也被介绍到国外。福州作为开放的前沿、通商的口岸，最早成为中外文化交流的窗口。福州融入近代国际化浪潮，市民生活和社会风习也因之受到深刻濡染，人们的意识形态和价值观也开始发生变化，涌现许多引领社会潮流、倡导社会变革的杰出人物。

二　闽都绘画海外交流

闽都绘画起源于新石器时代的陶器纹饰。位于闽江口南面的福州平潭壳丘头文化遗址出土的陶器表面有拍印、压印、刻画、戳点等纹饰，即是距今六七千年前新石器时代土著先民绘画之滥觞。位于闽江下游北岸的闽侯甘蔗镇昙石山文化遗址出土的彩陶上有条纹或圆点的红棕色纹饰，即是福州地区距今四五千年前新石器时代晚期的彩绘萌芽。彩陶表面各式图案，似是用兽毛制的"画笔"描绘的，是新石器时代晚期的彩色图画。明末清初高僧隐元禅师于南明永历八年（1654年），率弟子30多人东渡日本长崎，开堂演法。隐元禅师把中国文化艺术传到日本，尤其是将许多闽籍名人书画，如张瑞图、黄道周、曾鲸等作品带到日本，使日本黄檗山万福寺几成明清闽籍书画名家的陈列馆。隐元禅师为促进中日两国文化交流竭尽毕生精力，日本佛教界把他尊为文化巨人。明末清初，福州民间职业画家谢天游、孙亿等人教授琉球王府派来的青年画家学画。孙亿（1638—1712年），字维铺，号于山，长洲（今属苏州）人，寄居福州，闽县谢天游弟子。工院体花鸟画，兼擅山水、人物。孙亿的作品与文人审美观大相径庭，故其作品在国内罕见，多流传于日本、琉球。他的代表作《三顾一遇》，作于康熙五十一年（1712年），现藏于日本京都国立博物馆。画作描绘刘备三请诸葛亮出山的故事。画中诸葛亮在堂内展开地图向刘备论天下形势，旁有张飞向关羽耳语，其他随从在堂外各守其责，互相呼应，各人的神态、动作刻画入微。孙亿还有许多流传于当时琉球王国的院体花鸟画，画风似边景昭，皆极精彩。康熙二十二年（1683年），琉球王府曾派青年画师琥自谦和查秉信二人到福州向孙亿和王调鼎及孙亿老师谢天游等学画。五年后，学成回国，开创了琉球画派。他们归国时，还带回福州寿山石章和民间画师研制的中国画颜料。此后查秉信再度来福州学画，惜于康熙四十一年（1702年）归国途中因船遇难身亡。琥自谦的弟子吴师虔于康熙四十二年和四十六年两次来福州拜孙亿、梁亨、郑大观为师。琉球画派一直传承孙亿的院体画风，反映了孙亿等福州民间职业画师对琉球画派的影响。李霞（1871—1938年），仙游人，长期客寓闽都，卖画谋生。他崇尚清代反正统革新派画家黄慎的豪放画风，其画具有浓郁的乡土气息，但因其常与文人名士交往，耳濡目染，故画作中兼具诗词、书法素养，又有文人韵味，因而雅俗共赏。闽都许多商行大厦悬挂之画多出其手笔，社会影响极大。光绪二十九年（1903年），李霞赴省城乡试，寓西禅寺，陈宝琛赠诗："仙游大画家，寄迹西禅境。遗我古美图，笔姿含秀挺。"光绪三十四年（1908年），他随同乡前辈监察御史江春霖进京，结识文化界名流，博览名家画迹，画艺益进。在京作《麻姑晋酿图》，深受众赏，外国人士争相约稿，而得"麻姑李"绰号。1914年，他的《十八罗汉渡江图》卷，入选巴拿马全球绘画赛会；1923年，《函谷骑牛图》参加纽约全球赛会，先后获优等奖章。1928年，他应邀东渡台湾举办个展，画风深得观众欣赏，展品被抢购一空。他客居台中新竹一年多，当地画家陈湖古、陈心授、张品三、郑玉田等即游其门下。方君璧（1898—1986年），侯官人。1912年赴法国巴黎留学。1924年，她的油画《吹笛女》入选巴黎春季沙龙展出（为第一位参加此沙龙的中国女画家），该画被巴黎美术杂志刊为封面。1932年,中华书局出版《方君璧画集》。她试图以西洋技法融入中国传统笔墨,受到教育家蔡元培的鼓励。此后致力于熔中西艺术于一炉,为油画的民族化与中国传统绘画技法的传播作了积极探索。

三 闽都音乐、舞蹈海外交流

海外交通的畅通,不但沟通了各国之间的贸易往来,还沟通了各国音乐、舞蹈艺术的交流。魏之琰是出身于福建福清的大海商,纵横17世纪的东亚、东南亚海域30多年,赫赫有名的荷兰东印度公司也要避其锋芒。他更是中华文化的传播者,不仅邀请隐元禅师东渡长崎,还将明代传统礼仪音乐传入日本,其后人编撰整理的《魏氏乐谱》,是难得一见的有"板"有"眼"的工尺谱,让今天的人得以"按图索骥",还原明代音乐的样貌。但除了相关学术界,魏之琰这个名字,依然少有人知。

魏之琰虽移居日本,但一生以"明人"自居。据记载,作为长崎巨富,他的宅邸"凌云阁"是一座明代中式风格的建筑,亭台雕栏均斥巨资从中国运来。他前往日本时还携带了明代的乐器,在家中教授两个儿子学习明朝学校的音乐,感怀家国之情。在长崎时,他热心当地公益事业,他对长崎社会的贡献使其在日具有很高的名望,更受到了统治阶层的重视。日本宽文十二年(1672年),魏之琰应内里(皇宫)邀请前往京都御前演奏明乐,使明乐开始逐渐流行于日本贵族阶层,因此他也被称为"日本明乐之祖"。

在魏之琰去世后,他的四世孙魏皓在日本京都传授讲习,让明乐的影响力逐渐扩大,拥有了以画家宫崎筠圃为首的多达百余人的门生，受到了关白大臣近卫内前的欣赏。在近卫内前的授意和推动下，明乐风靡于京都贵族阶层间，自王侯以至士人受其传者可以百人计。在学徒不断增多的情况下，为减免抄写乐曲的不便，魏皓编辑刊行了《魏氏乐谱》。除乐谱外，还有记载明乐演奏使用之乐器和表演形式的《魏氏乐器图》。《魏氏乐谱》中收录的明代乐曲，在国内多已失传。清末，一些留日学生将其中若干篇传回国内，逐渐引发国内音乐学者如古琴大师杨荫浏先生等人的重视。因《魏氏乐谱》除了用工尺谱标记音调外，还注明了"板""眼"节奏，成为复原明代乐曲的重要资料。2011 年，上海音乐出版社出版了漆明镜先生的《〈魏氏乐谱〉解析：凌云阁六卷本全译谱》。自此，大海商魏之琰 17 世纪中叶传入日本的"明乐"终于再次呈现在中国人眼前。

四 闽都戏剧海外传播

明末清初，地处东南亚的印度尼西亚等地已有福建戏曲的演出。清道光二十年（1840 年）鸦片战争爆发，帝国主义列强用枪炮打开了中国大门，海禁一开，大量华商、华工涌向东南亚各国，华侨人数不断增加，福州戏班也因东南亚华侨酬神、娱乐的需要而频繁赴东南亚演出。1842 年 1 月 19 日，美国远征探险队的威尔基斯舰长在他的《航海日记》中提到了他在新加坡闲逛时看到中国戏曲演出，还记录了同年 2 月华人农历新年期间的戏曲演出。光绪十三年（1887 年），清朝官员李钟珏在他的《新嘉坡风土记》中记载了新加坡的戏园："戏园有男班有女班，大坡其四五处，小坡一二处，皆演粤剧，间有演闽剧、潮剧者，惟彼乡人观之。戏价最贱，每人不过三四占，合银二三分，并无两等价目。"从李钟珏的记载可知，当时新加坡的戏园中已经有福州戏曲的演出。

闽剧又叫福州戏，流传于福州、闽侯、长乐、连江、福清、平潭、闽清、永泰、罗源、古田、屏南、宁德、霞浦、福安、周宁、南平、顺昌、三明等闽中、闽东、闽北20多个流行福州方言的市、县。从古到今，随着历史上福州人大量移居东南亚，闽剧也传播到新加坡、马来西亚、印度尼西亚等东南亚各国福州籍华人聚居地。闽剧演员多次赴访这些国家和地区进行友好演出，受到国际友人和当地华人的热烈欢迎并得到很高的赞赏与评价，闽剧艺术的影响日渐扩大。据《闽剧志》记载，1927年，福州"群芳女班"赴新加坡演出《灵芝草》《燕梦兰》《五子哭墓》《金指甲》等剧目；同年，福州"上天仙"戏班应邀到新加坡演出。此年"新赛乐"戏班在厦门演出，听到有人到福州聘"上天仙"戏班赴新加坡演出的消息后，认为本班"剧目多，角色齐全，班誉也胜过'上天仙'，如到新加坡，营业必胜于他"，便由邵金栋打前站联系。1928年1月，闽剧"新赛乐"戏班一行70多人由厦门搭海轮赴新加坡、马来西亚、印度尼西亚等地进行商业性演出，演出剧目有《包公案》《金指甲》《狸猫换太子》《封神榜》《陈靖姑》等。"新赛乐"戏班在新加坡"同乐园"演出了3个月，共演115场，观众达115000人次，在新加坡名声大振。后在"一舞台""天演舞台"演出3个月125场，观众达115000人次。随后，剧团离开新加坡到马来西亚的槟榔屿演出，演出4个月145场，观众达292300人次。槟榔屿演完，剧团到吉隆坡演出3个月115场，观众达149500人次。后又在安顺演出20天。之后到印度尼西亚泗水、三宝山、大町洋演出6个月206场，观众达206000人次。离开印尼后又回槟榔屿演出1个月、新加坡演出2个月后才返回福州。"新赛乐"戏班这次在东南亚演出3年左右，观众达100多万人次。新加坡演出后，到槟榔屿演出，剧场座位是 1200 位，票价一等一元、二等八角、三等五角，较新加坡提高了。其中《火烧百雀寺》一本连演 15 天，不少人买不到票，只得买 3 元钱一张的"黄鱼票"。20 世纪 30 年代以后，中国大陆赴东南亚演出的戏班大大减少。这种状况是多方面原因造成的：一方面是因为中国抗日战争以及日本发动太平洋战争的影响；另一方面是东南亚国家为了保护本国影剧业，限制中国戏班的进入。当然也有例外。1931 年夏，新加坡华侨同乡会派专人至福州邀请叶奇官组织闽剧戏班出国演出。叶奇官欣然受聘，并邀集庄鸿声、赵猴子、施凯官等人组织戏班赴新加坡演出。1938 年年初，叶奇官为了充实演员阵容，一度回国招聘，后因抗战开始，交通受阻，而未能成行。1959 年 3 月，闽剧著名艺人郑奕奏、杨瑞英应印度尼西亚椰城玉融公会、万隆玉融公会、梭罗玉融公会邀请，随带闽剧《追鱼》《钗头凤》等赴印度尼西亚万隆等地教戏 6 个月，培养男女演员 20 多人，使闽剧艺术在海外开花结果。

随着闽都移民在美国逐步增多，闽剧在美国也开始快速传播，抚慰了"老福州"的乡思，也让福州下一代了解闽剧，活跃了社区生活，弘扬了中华传统文化艺术。在纽约的多个闽剧团中，影响最大的是 2007 年成立的美东闽剧团。剧团汇聚了一批旅美的志同道合者，其中不乏有闽剧专业演员及乐师，而许多演员，在福州时就是长乐、连江等县闽剧团的台柱，均从小受过严格训练，不少还是科班出身，来美后重操旧业，自然驾轻就熟。由于福州人在美东地区人数众多，各种需要闽剧出场的机会不少，所以美东剧团演出任务频繁，有时还顾不过来。其演出要满足多方面需求：或为神诞添乐，或为宴会助兴，或为庆祝团日，或为欢渡佳节，或为赈灾义演，或为应邀巡演。2013 年 9 月 27 日下午，为庆祝"九天府三田都元帅千秋神诞"，美东闽剧团于纽约华埠东方大酒楼举办闽剧演出晚会，参与演出的台前幕后均是旅居美国的闽剧精英，演出了《金狮报喜》《今生缘》《重男轻女》等剧目，福州乡亲一面品赏美味佳肴，一边兴致勃勃地观赏闽剧，场面温馨而又热闹。福州籍侨领到现场祝贺，纷纷表示："闽剧团越来越兴旺，每次演出不但慰解乡亲的乡愁，也肩负传承中华文化的责任，实在难得。"2015年10月12日，美东闽剧团为"九天府田都元帅千秋神诞宴会"进行演出，除了本剧团的专业人员外，还特意从家乡福州聘请了闽剧作曲家和指挥加盟，主持人的祝辞用福州话唱出，别有风味，观众听得如痴似醉，合着节奏打着节拍，表示永远是闽剧的忠实粉丝。成立于2011年以华人聚居地法拉盛命名的纽约法拉盛闽剧团也是一个较有名气的闽剧团。2015年9月13日，纽约法拉盛闽剧团为纪念成立四周年日子举办团庆。期间从来宾致词到主持人主持，全以福州话为主。演员演出了《狸猫换太子》《渔船花烛》《错婚配》等折子戏，演员戏装华丽，每个表演者都尽职尽力，如《错婚配》表演定案时，县官演得活龙活现，间或故意夹一两句普通话，在巡视各个到案人时，表情夸张得恰到好处，剧中各人物的眼神、指法、身段乃至唱腔、程式，一招一式，都显得很专业。乐队演奏水准高，各折子戏中装插不着装的即兴清唱，亦让观众兴奋不已。由一些纽约闽剧爱好者组成的凤凰闽剧社也较为知名，曾于2012年农历大年初二，在纽约华埠罗斯福公园举办演唱会以慰乡愁，许多闽籍乡亲前往观看，大家对春节期间能听到乡音感到很开心。

柒

闽都工艺海外交流

——

福州工艺美术历史悠久，技艺精湛，很早就享有"三山巧艺、四海独绝"的美誉。福州工艺美术具有物质文化与非物质文化的双重性特征，在闽都文化国际民间交流中，具有独特的文化魅力。同时在对外交流中，福州人以特有的"海纳百川，有容乃大"的胸襟精神，有选择地吸收了日本等国家的文化艺术，使福州工艺美术文化兼容海洋文化的特征，具有更适应国际交流的影响力，在国内外享有很高的声誉。除了陶瓷、漆器外，织绣、花画及其他日用工艺品，如角梳、纸伞等品种的对外输出与交流，多在明末清初开始。尤其是清道光年间，福州被辟为五口通商之一的港口，大批洋人来到福州，设立领事馆和传教、商务机构，这些驻福州的外国人和从闽江轮船上岸来的洋水手，喜欢采购工艺品特产，促进了福州工艺美术的对外交流和贸易。福州的龙眼木雕，以擅长雕刻古典人物、佛像和动物著称，造型生动逼真，上漆打蜡，古色古香，与天然疤树根雕一起被作为东方"古董"，远销东南亚，更是特别受到日本客商的青睐。天然牛角制作的福州角梳既是日用工艺品，又是馈赠礼品，绘有花鸟、走兽和山水图案的精致花梳，还被作为居室内客厅、卧室的装饰摆设品。福州纸伞，因用料考究、工艺严谨、质量可靠、坚实耐用，加上伞面美观的绘画图案装饰，成为畅销于海外华侨、洋人的日用工艺品和环境装饰欣赏品，行销日本、东南亚及欧美。福州的榕绣，其民族传统龙凤等吉祥图案，尤受海外华侨喜欢，曾通过福州移民等渠道，流行在海外华人圈中，作为当地保留中华民族传统节庆、婚嫁、寿诞和佛事的用品，经久不衰。上述流传海外的福州工艺美术品，因工艺造型地域特色鲜明、精工巧作，声名远播，多次参展世界博览会，屡受赞誉。据不完全统计，从1898年起至1934年止，福州漆艺世家沈绍安家族的沈正镐、沈正愉、沈幼兰、沈德椿、沈德烈等所制作的脱胎漆器，分别7次参加了法国巴黎、日本大阪、德国柏林、美国旧金山等地的国际博览会，获得

油纸伞

很高声誉，得到各种奖牌、奖状。福州纸伞、角梳、刺绣等工艺品也在世界博览会上获奖。福州工艺美术品多次对外交流展览，使日本、欧美等国家民众不仅认识了福州的手工艺品，扩大了手工艺品的交易量，也增加了外国人对中华民族传统文化的理解，欧美国家的一些博物馆还珍藏了福州精美的沈氏脱胎漆器。福州工艺美术在参展中获得的荣誉，载入了福州对外交流的史册。

一 闽都陶瓷海外交流

在英语单词中，陶瓷与中国都是拼成"china"，可想而知，外国人对中国陶瓷钟情的程度。无论是平民百姓还是贵族阶层，无论是日常用品还是把玩收藏，他们都把拥有陶瓷当成一种荣幸。陶瓷是中国古代劳动人民的伟大创造，是华夏优秀文化的重要组成部

淮安古渡口

福州怀安窑遗址

分，在世界物质文化史上占有重要的地位。陶瓷不仅是中国古代主要的出口商品，而且还是远洋航船的理想压舱物。根据目前水下沉船考古所出水的器物看，只要是来往于中国航线的沉船，一般都会发现大量的中国古代瓷器。福州的古窑址可谓是星罗棋布：有闽清的义窑、连江的浦口窑、福清的东张窑、福州郊区的怀安窑、北峰的宦溪窑等等，这些窑场所烧造的陶瓷，远销海外，使之成为福州"海上丝绸之路"重要的陶瓷生产基地和陶瓷供货地。

唐怀安瓷外销拉开了福州工艺与日本交流历史的序幕。从工艺品种和出口时间看，福州古代陶瓷工艺品最早通过海船输往海外。福建省博物院外销陶瓷专题陈列馆中介绍有唐代福州怀安古窑址陶瓷工艺品曾东渡日本，至今日本九州地区的福冈鸿胪遗址和美术、文物机构仍收藏陈列有怀安瓷器。福建沿海平潭等海域，从古沉船上打捞出水的外销古瓷器，还包括福州十邑等多个产地，年代跨宋、元、明、清，表明陶瓷工艺品是福州古代对外贸易的主要品种。

怀安窑位于福州市晋安区洪塘乡淮安村，烧制年代为南朝至五代时期，1953 年修建防洪堤时发现，1982 年 7 月考古发掘。窑址占地面积 8 万多平方米，共出土器物 15784 件，主要的器物品种有青釉双系盘口壶、双系罐、四系罐、卷唇盒、双系带錾短流柱子、敛口钵、高足盘、高足杯、碗、盘、盅、缸、茶盏、茶托等。还有一部分饰釉下褐彩、酱釉器。将该窑址出土的器物与日本著名的博多遗址出土的青瓷器进行对比研究，"确定其中大部分为唐、五代福州的怀安窑产品"。

闽清义窑位于闽清县东桥镇西南，烧制年代为宋、元时期，1958 年 11 月福建省文物管理委员在闽清进行考古调查时发现。窑址范围自义由村至安仁村一带，绵延十几个山头，面积达 53300 多平方米。主要烧制瓷器有青白釉瓷碗、洗碟盅、盒、罐、炉、壶等瓷器皿，也有少量黑釉瓷器，还有少量捏制的黑釉或青白釉的小狮、小狗、猪头等动物造型器物。该窑场烧制的瓷器在福建连江定海"白礁一号"沉船遗址及西沙群岛华光礁、北礁沉船遗址的水下考古调查与发掘中均有出水。

福清东张窑位于福清市东张镇石坑村厝后山，烧制的年代为宋、元时期，1956 年 1 月因修建东张水库而发现。窑址范围约 2 万平方米。主要烧制青瓷和乌金瓷为主。主要器物品种有各式的碗、盏、碟、盘等，该窑址为南宋福建四大瓷窑之一（同安、泉州、福清、连江）。该窑场烧制的瓷器在福建连江定海"白礁一号"沉船遗址的水下考古调查与发掘中亦有出水。

连江浦口窑位于连江县浦口镇周围的山丘上，烧制的年代为南宋至元末时期，1954 年发现。窑址范围约 1 万平方米。主要烧制的器物以青瓷为最多，还有少量黑釉器，器形有碗、盘、碟、钵、洗、罐、瓶、炉、执壶、香薰、器盖等。该窑场烧制的器物目前在福建沿海连江定海"白礁一号"沉船遗址、莆田湄洲湾沉船遗址以及日本冲绳等地均有发现。

福州港不仅承担着来自福州本地区窑场生产的陶瓷的出口商贸任务，而且也承担着来自江西景德镇窑、浙江龙泉窑以及福建省内德化窑、建窑等地生产的陶瓷外销的转运任务，因此，陶瓷是古代福州港口主要对外贸易的商品，在福州港对外贸易中占有主要的地位。被誉为"华夏文明缩影"的陶瓷，通过福州港的"海上丝绸之路"航线，跨越海洋，走向世界。备受海外青睐的福州陶瓷，为福州"海上丝绸之路"的发展提供保障。

当时福州常泊船的国家和地区有大食、嘉令、麻辣、新条、甘秠、三佛齐、真腊、三泊、绿洋、登流眉、西棚、罗斛、蒲甘、渤泥、阇婆、占城、目丽、木力千、胡麻巴洞、宾达浓、新洲、佛罗安、朋丰、达逻啼、达磨、波斯兰、麻逸、三屿、蒲哩噜、白蒲迩、高丽等。这些船舶把福州以及福建省内各窑口生产的瓷器、茶叶、丝绸及土特产运往世界各国，换回香料、宝石等商品。

在日本国传世品中，有一种被称为"茶入"的薄胎酱釉茶叶罐，产自福州洪塘窑，其在日本茶道中，占有举足轻重的地位，堪称为茶道的鼻祖器物，这就更直接证实了福州作为对外贸易港口与日本之间的密切联系。而在"斗茶"历史上享有盛誉的福建建窑生产的黑釉盏，在日本被称为"天目"瓷碗，福清东张窑在宋代一直在烧制着仿建窑黑釉盏。根据日本陶瓷专家小山富士夫统计，日本国博物馆、美术馆、寺院及民间所拥有的天目茶碗，数量之繁多、器物之精美是世界上任何国家所无法比拟的，因此他自豪地宣称：日本是世界上收藏天目茶碗的宝库。在这众多的天目茶碗中，建窑及其窑系的作品占据了显著的地位，除了佛教僧人个体携带以外，批量的输入，是通过福州海上贸易开展的。瓷器烧制者利用福州便利的交通条件，烧制质量好的仿建窑黑釉盏，销售到日本等海外市场，一方面能补充陶瓷市场的资源不足，满足收藏爱好者需要，另一方面也能使陶瓷烧制商获取相应的利润。根据近些年的考古发掘资料看，与东张窑同时期的闽侯、连江、宦溪等窑厂，也在烧制仿建窑的黑釉盏。这些分布在福州地区的窑厂，所生产出来的瓷器，无论是仿龙泉窑的青瓷，还是仿建窑的黑釉盏，或者是自己设计烧制的日常用品，在国外陶瓷市场上都备受消费者和收藏者的青睐。

二　闽都寿山石工艺海外交流

寿山石为中国"四大名石"之首，20世纪末四次"国石"评选，均名列第一。在绵延千年的寿山石文化发展进程中，寿山石上达宫廷，外通四海，超越了材质概念与地域范畴，成为涵盖国家礼仪、金石篆刻、雕刻艺术的多元化文化符号。寿山石虽埋藏福州，但文化发散已千古八方。寿山石独产于福州北峰寿山乡，用于雕刻的可考历史超过1500年。现存最早的实物是福州出土的南朝随葬品石猪俑，它雕工朴拙，形态逼真，体现了寿山石雕萌芽期的工艺水准。寿山石造型丰富，色彩斑斓，石质脂润，具有"上伴帝王将相，中及文人雅士，下亲庶民百姓"的艺术魅力。不仅如此，寿山石还是理想的雕刻石材。寿山石雕技法丰富，博采众长，融合了民间雕刻技艺和中国画的艺术精华，是中国民间艺术与高雅审美趣味的结合体。由此，"石"与"雕"共同组成了独特的寿山石文化。寿山石进入皇家视野，是南宋时期的绍兴七年（1137年），被要

寿山石

求用来打造明堂大典所需祭器，上升到了国家需求的层面。寿山石
进入全盛时期，则要再往后推数百年，明清时期，尤其是清代康雍
乾三朝，寿山石深受宫廷及文人士大夫喜爱。田黄是寿山石中的极
品，价比黄金，古有"一两田黄三两金"之说。"石帝"田黄被用
于祭天，更是提升了寿山石的历史和文化地位，并延续至今。乾隆
皇帝对田黄石极为钟爱，相传他曾梦见玉皇大帝降旨，旨意上只有
"福、寿、田"三个字。百思不得其解之际，一位福州籍的侍从禀
报，"福州寿山田黄石"字面上即含有"福、寿、田"三个字。乾
隆皇帝大喜，立即传旨进贡，珍爱有加，甚至将田黄石以黄龙帕包

裹，奉作天坛祭天的贡品。乾隆皇帝拥有寿山石印玺 100 多枚，其中尤以田黄石居多，如田黄组印"乾隆御笔""所宝惟贤""德日新"等等，更为著名的还有一块田黄刻制并由两根链条连接起来的三颗印章组合而成的一套"宝印"。历史上很多文人名士都与田黄石结下了不解之缘，如民族英雄林则徐随身携带的刻着"浮生宠辱君能忘，世事咸酸我亦谙"的印章，便是田黄石材质的。民间更是将田黄石视作镇宅平安、祛灾辟邪的尚品。所谓"黄金有价石无价"，人们以能够拥有、珍藏田黄石为荣耀。

在整个寿山石文化的发展历程中，对外交流的时间较短，在对琉球的朝贡贸易与人员往来中，也许有一定的流通。比较翔实可靠的记载证明，在道光二十二年（1842 年）"五口通商"之后，外国人来到福州就开始接触并购买寿山石。开埠初期来到福州的外国人，以洋商为主，甚至很多国家早期的驻福州领事，都由著名洋行的经营者担任。当时中国处于文化弱势，能够引起这些精明外国人购买兴趣的，必定是带有浓郁中国文化属性并具有收藏升值功能的文化商品。晚清"庚子国变"后，大量宫廷及民间的寿山石珍藏流失海外；民国期间，大批军政要人、富商巨贾与文化人士迁居海外，也带去了大量寿山石珍宝；"文革"之后，通过文物商店的途径也有大量的出口。这三个途径累加，构成了寿山石文化早期在海外的实物基础，并在海外华人、华侨以及外国人中形成了早期认识。近年，随着中国国力的上升、对外交流的密切，这种寿山石文化的互动，也越加频密。在这一过程中，许多世界级的文化名人、大收藏家都起到了重要的"推手"作用，其中不乏福州籍的海外人士。近200 年的寿山石海外交流史可以分为四个历史阶段：

第一阶段：主要以在华（榕）或来华（榕）的外国人购买为主。有两部重要的参考文献可以佐证：清道光、咸丰年间浙江钱塘人施鸿保所著的闽地见闻录《闽杂记》记载："英吉利人近来重价购求真田黄石，或言制作带版及帽花，可以避兵，如俗传哥窑片瓦，然不知果否。"清咸丰年间美国来华的传教士卢公明所著的以福州见闻录为主要内容的著作《中国人的社会生活》记载："总督衙门往西一点儿，有一条工艺品街……很多石雕工艺品被卖给外国人。这种石头质地很软，通常很不恰当地被称为'肥皂石'。这些石雕工艺品中值得一提的是餐具和果盘，从一尺高到数尺高的微型宝塔……对外国游客十分畅销。"从这两部书中可以梳理看出，当时外国人购买寿山石主要在"西门派"的聚集地——总督后（今天的省府路一带）。当时寿山石（至少是田黄石）已经被外国人青睐。根据生活于稍晚时期的清人陈亮伯所著《说印说田石》记载：曾担任晚清礼部尚书、工部尚书的叶赫那拉·怀塔布之弟"彼佛贫困时，质（押）印于巴黎银行，比出视，只田黄两方，高及半尺，上雕云龙，殊不为高品"。足可见在当时，英、法两国已经认可田黄石的"硬通货"地位。

第二阶段：1949年以后，由于特殊时期的历史原因，寿山石的海外文化交流活动沉寂了30多年。其间，除1954年部分寿山石雕作品参加前苏联及东欧举办的"中国工艺美术展览会"之外，鲜有官方的对外交流活动。聚集于"总督后"的民间寿山石老字号也逐步被"公私合营"，雕刻者从事自由创作的机会逐渐减少，对外交流更是陷于停顿。

第三阶段：20世纪80年代，寿山石文化再次走出国门，重新开始了对外交流的步伐。香港是寿山石文化对外交流的第一站。从概念上，香港地区不属于"海外"范畴，但却是当时中国大陆连接海外的一个重要通道与出口。1979年，香港三联书店邮票中心经理刘杰女士在深圳看到寿山石展览后，邀请参展名家赴香港办展。1981年，在刘杰女士与丈夫萧滋先生的共同努力下，"中国寿山石展览"在香港举行，赵朴初先生题写展名，林寿煁、陈石、方宗

寿山石

珪等寿山石名家赴香港办展，这是改革开放后第一场寿山石海外专展，销售达 50 多万港币。此后，方宗珪、陈石等名家开始在香港、台湾出版寿山石专著。萧滋先生，在 80 年代末出资 50 万港币，于 1989 年出版由陈石大师与刘爱珠大师合著的《寿山石图鉴》，1991 年出版陈石大师的《寿山石雕艺术》，该书成为由香港人出资、日本人设计，海外发行的最早四色彩印本寿山石专著。1984年，福建省文化厅代表团受新华社香港分社邀请，在香港举办"福建省首届寿山石文化艺术交流"，这次活动引起了香港收藏界的轰动，销售达到 30 多万港币，代表团用所得外汇购买了一部丰田汽车带回国内。值得一提的是，这次交流活动期间，林文举大师一枚

100 克左右的田黄石作品，销售了 10 万元港币。几经辗转后，这件作品从台湾回流，2015 年在东南拍卖行以 600 万元的价格拍出。这一时期，一批早期以经营字画为主的榕籍、闽籍收藏家，在看到了寿山石文化巨大的海外影响力与商业潜力后，开始借助家乡的人脉、地缘优势，转投寿山石行业，并带动了其他高端收藏者介入。较为活跃的收藏家有王星光、徐铁民、余健信等，这些收藏家以香港为平台，对外辐射整个大中华文化圈，视野与活动范围遍及日本、东南亚及欧美，成为对寿山石文化海外交流产生重要影响的早期推手，有的甚至成为世界级的收藏大家。其中，现定居温哥华的徐铁民先生，20 世纪 80 年代中期深入内地，在福州登报求购寿山石，众多雕刻艺人提篮在华侨大厦排队等待收购，此举令徐铁民一"购"成名，后来甚至谋求与福建省雕刻实验厂合资，并邀请林发述、陈文斌、周则斌、刘爱珠、林碧英五位名家访港，成为当时的轰动事件。2016 年 6 月 1 日，在著名拍卖机构佳士得举行的"中国宫廷御制艺术精品"专场拍卖会上，一对由清初著名福州籍雕刻圣手董汉禹琢钮的恭亲王寿山石龙凤田黄对章，以 8500 多万元的价格成交，打破了 2006 年由香港苏富比拍卖有限公司保持的明朝田黄瑞狮纸镇 4100 万元的寿山石成交纪录，同时创造了田黄克价超 20 万元的新高点，这件作品就来自这批收藏家中余健信的私人收藏。此阶段，面向日本的寿山石海外交流活动也十分兴盛。20 世纪 80 年代初，为庆祝福州与那霸缔结友好城市，林元康、陈石两位大师代表寿山石界随福州代表团访问那霸，并在"中国福州物产展"上进行为期一周的表演。官方行程结束后，日本福建同乡会主席林同春，邀请团员访问神户、大阪等城市，与当地华侨、华人社团交流中国传统文化。1983 年，陈敬祥、陈祖震两位大师受邀随团访问日本长崎；1986 年，福州与那霸缔结友好城市五周年，陈石大师再次随团赴日表演。中日寿山石文化交流逐步常态化，许多日本收藏家、金石爱好者通过多次交流，与福州寿山石界、金石篆刻界建立了长达 30 多年的往来关系。寿山石在东南亚也极受追捧。1986 年，应新加坡邀请，陈祖震、陈达两位大师随福州市外贸代表团赴新加坡办展、鉴定、表演、授课。这是福州最早赴新加坡的官方代表团之一。此行，陈祖震大师携带 40 个寿山品种石，在当时世界十大酒店之一的文华酒店开设讲座，成为当年新加坡重要的文化事件。当时来聆听讲座的很多文化名流、社会贤达，后来都成为著名的寿山石文化推动者，其中就有新加坡最著名的收藏家萧乃岳先生、新加坡《联合早报》记者谢声远先生。尤其福州谢坑人谢声远先生，辞职创办新加坡兴艺东方艺术品公司，该公司成为新加坡最成功的艺术品公司之一，20 世纪 80 年代起，连续多年邀请福州寿山石界名家访新，当时福州与新加坡的寿山石文化交流繁荣程度，甚至令港台侧目。1989 年之后，以陈祖震大师为代表的一批寿山石名家，以新加坡为东南亚立足点，到马来西亚等东南亚其他国家开办展览。1990 年，在积蓄了一定的海外影响力之后，福州雕刻总厂邀请日本、新加坡以及港台和内地的雕刻家、收藏家，在福州举办了一场"福州雕刻艺术研讨会"，成为当时较有影响力的海外文化活动。

第四阶段：20 世纪 90 年代以后，寿山石文化的对外交流开始由"净流出"向"双向交流"逐渐过渡，特别是在文化层面，开始有了更深层次、更高级别的互动。1988 年，福州学者梁章凯先生赴日深造，其间与日本书法及金石篆刻界泰斗小林斗盦先生交往颇深。小林斗盦先生是全日篆刻联盟会长、中国西泠印社名誉副社长，在日本与同为西泠印社名誉副社长的梅舒适先生齐名。20 世纪 90 年代，我国第一座集文献收藏、文物展示、学术交流于一体的印学专业博物馆——中国印学博物馆筹建。在梁章凯先生的促成下，小林斗盦先生向印学博物馆无偿捐献 50 枚战国（齐国）陶片，他的两位弟子菅原石庐与中岛蓝川也各自捐献 50 枚邺城古陶片、50 枚藏铁印。这批西泠印社的重要藏品资料，后来亦由梁章凯先生精心汇编成《战国古陶文五十品》《邺城古陶文五十品》及《藏传铁印五十品》三本书。1998 年，小林斗盦先生在华办展期间，拍得吴昌硕所刻名作"西泠印社中人"一印，这枚印章是西泠印社首任社长吴昌硕受吴隐、丁仁之托，为他们共同的西泠社友，大名鼎鼎的"传朴堂"传人葛昌楹所刻。西泠印社有"天下第一社"之称，但吴昌硕以"西泠印社"四字入印却仅有此章。由于四人的特殊身份与贡献，这枚印章自然具有非凡意义。在代为拍得此章后，梁章凯先生与小林斗盦先生商议，能否在西泠百年之时，回赠西泠，该决议很快得到应允。2003 年，西泠印社百年大庆，小林斗盦先生再次委托梁章凯先生，将这枚印章捐赠西泠印社，并采纳梁章凯先生的提议，以"回归故里"作为这一中日印坛重要事件的主题。值得一提的是，当年的印章主人葛昌楹先生子孙一系，于民国时期迁居福建，孙辈中的葛贤璜先生现定居于福州，是著名的金石研究者与寿山石文化研究者。2007 年，在小林斗盦先生去世后，梁章凯先生以一位外国人的身份受托评估这位日本金石泰斗的作品及藏品，此举创下日本先例。此后，在梁章凯先生的积极推动下，于杭州、广州、福州、台北和香港五地策划举办了"小林斗盦先生遗作展暨怀玉印室藏印展"。2010 年在三坊七巷举办的福州专场，让福州艺术届第一次有机会近距离观看这批重量级汉代玉印和历代名家金石篆刻精品。

近年来，寿山石作品不断以"国礼"的形式，出现在重要的国事与外交场合。在民间，随着中国国力的上升以及"一带一路"战略的提出，寿山石文化的对外交流已经越来越成为代表中国的文化符号，出现在欧、美、日等国家和地区的高端文化活动以及拍卖市场上。也有越来越多的福州人和福州籍的海外华人、华侨在世界各地举办展览，进行高层次的文化交流活动。

三　闽都漆艺海外交流

　　漆器是一种用生漆涂敷在器物胎体表面作为保护膜制成的工艺品或生活用品，是中国古代化学工艺及工艺美术方面的重要发明。漆器生漆，又称中国漆、大漆，是从漆树上采割下来的天然汁液。用它作涂料，有耐潮、耐高温、耐腐蚀等特殊功能，又可以配制出不同色漆，光彩照人。中国是漆树的原生地，大漆髹饰是中国人的独特创造，它传递着中国文化的特有质感和温度，深刻影响了人类的日常生活，也对世界文明的发展产生了深远影响。漆器和陶瓷、丝绸一样是代表中华文化的国粹，驰名天下。福州漆器作为中国漆器的重要组成部分，其工艺独特，具有深厚的文化积淀。福州的脱胎漆器以其独特民族风格和浓郁地方特色，与北京的景泰蓝、江西的景德镇瓷器并称为中国传统工艺的"三宝"。福州漆器制作历史悠久，发端于唐代，由于福州自然条件十分适合调漆、养漆，加之海上丝绸之路的兴起，漆器业被带动发展了起来，福州漆器在南宋开始形成规模。宋淳熙年间《三山志》记载："宋景祐三年（1036年）在福州设作院，熙宁元年至熙宁十年（1068—1077年），拓充为都作院，内设十一作，其中有漆作。""作"是古代对手工艺行业进行的分类。有关历史文献和现代考古发现的资料都表明，最迟在宋代，福州的漆器制作就已经形成较大的规模，当时漆器的制作技艺业已多种多样，日臻成熟。随着福州海外交流的发展，福州漆器开始从福州港扬帆出海，经由海上丝绸之路，跨越海洋，走向世界。据日本冲绳那霸市的漆器工匠称：他们所用的"沈金"技法（以尖刀在漆器上刻出阴线装饰纹样，并填上金箔的技法），就是由福州所传入的。福州市代表团于20世纪80年代访问日本冲绳那霸市时，

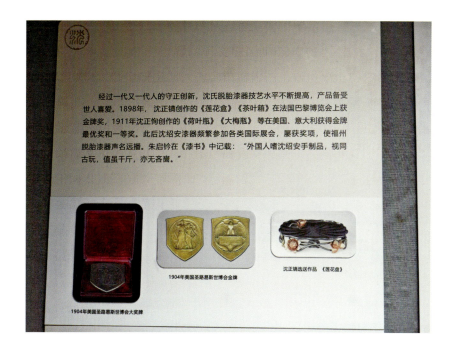

经过一代又一代人的守正创新，沈氏脱胎漆器技艺水平不断提高，产品备受世人喜爱。1898年，沈正镐创作的《莲花盒》《茶叶箱》在法国巴黎博览会上获金牌奖，1911年沈正恂创作的《荷叶瓶》《大梅瓶》等在美国、意大利获得金牌最优奖和一等奖。此后沈绍安漆器频繁参加各类国际展会，屡获奖项，使福州脱胎漆器声名远播。朱启钤在《漆书》中记载："外国人嗜沈绍安手制品，视同古玩，值虽千斤，亦无吝啬。"

1904年美国圣路易斯世博会金牌

沈正镐选送作品 《莲花盘》

1904年美国圣路易斯世博会大奖牌

沈绍安漆艺（海外交流）

曾参观当地漆器作坊商店，见到朱色沈金漆器（即在朱色漆器上填有"沈金"花鸟图案。据日本商店主人说，该漆器是唐代时由福州输入那霸市的。朱色沈金漆器是由福州制造还是由中国其他地方出产，经福州港口运往那霸，尚待考证，但它表明日本与福州市的工艺品交流从唐代就开始了。至宋代，福州漆艺中的剔犀雕漆类工艺品被世人称为"福犀"，因其工艺精细、有地方特色，受人喜爱，远销海内外。到了明末清初，福州漆器更闻名中外。明代曹昭《格古要论》古漆器论中记述"古犀毗器皿以滑地紫犀为贵"，"福州旧造色黄，滑地园花谓福犀，坚且簿亦难得，有云者是也"，说的是福州黄色剔犀漆器，即名扬海外的"福犀"。郑师许所著《漆器

琉球漆盘

考》，称明代漆器"尤以福州为最盛"，"大量销往欧洲，深受欢迎"。

　　1975 年 10 月，福州浮仓山北坡福州第七中学发掘的南宋黄昇墓发现了七件漆器，包括漆奁、漆粉盒、髹漆木镜架、刻花髹漆木尺、刻花髹漆缠线板等。其中的漆奁工艺特别精美，该奁为夹纻胎，平面六角菱花形，镶以银边，分三层，内装铜镜、铜钱、银盅、漆粉盒、粉扑、角梳等 33 件。另外，1986 年 8 月，在福州北郊茶园村发掘清理一座南宋端平二年（1235 年）的夫妻合葬墓，从中出土了剔犀葵瓣形三层漆奁、剔红八角形三层漆奁、剔红圆形漆盒、黑漆盏、渣斗、木胎髹漆珠项链等漆器，这些漆器髹饰制作精良，其中剔犀葵瓣形三层漆奁，各层中子母口扣合严密，器外表髹如意纹云雕，漆层表面为黑褐色，刻深现底斜面露出红黑两色，层次相向，互不相混，色彩悦目，器内底髹黑色，莹亮光泽，反映南宋时福州漆器制作的高水平，被鉴定为国家一级文物。宋周密《癸辛杂识》记载："王棣……初知福州就除福建市舶，其归也，为螺钿桌面，屏风十副，图贾相盛事十项，各系以赞以献之。"由此可见，当时福州也开始生产镙细漆器和漆画屏风。到了元代，福州漆器又有了新的发展，开始成为中国重要的漆器产地，福州的剔犀漆器闻名于世，雕漆产品（包括剔犀）开始流传日本。明代，福州漆器对外交流日益频繁。郑和七次下西洋前，船队均在福州长乐太平港停泊候风，补充给养，时间短者两三个月，长者则达十个月以上，可四处采购福州及周边地区的瓷器、漆器、茶叶等具有福州特色的礼品作为馈赠之物。此时，福州雕漆的生产规模日益扩大，有大批中国南方漆工东渡日本以制漆谋生，这当中自然也包括福州城内漆器作坊的能工巧匠。日本《长崎志》记载：著名漆匠欧阳云台的雕漆作品在日本风行一时，被称誉为"云台雕"。明代福州与日本，特别是长崎的文化交流十分密切，漆艺交流尤盛。明末清初李渔《笠翁一家言全集》记载："游三山，见所制器皿，无非雕漆……八闽之为雕漆，数百年于兹矣。四方之购此者，亦百千万亿其人矣。""三山"为福州别称，可见宋、元、明、清福州已经长期生产雕漆类漆器。清代蒲松龄《家政内编》记载："剔犀器，以滑地紫犀为上；底如仰瓦，光泽坚薄，色如枣，剔深峻者，次之。福州，旧做色黄滑底，圆花者多，曰福犀，坚且薄，亦难得。"清代早期漆艺在明代基础上又出现了一些新品种，其中最突出的是仿洋漆，这是中日两国漆艺相互交流借鉴的结果。清廷《宫中进单》记载：雍正年间，福州总督高其倬、管理福建海关事务的郎中准泰等地方官员屡屡进贡仿洋漆，与其他漆器产地进贡相比，无论是批次还是数量均属最多。

由此可见，福州当时在制作仿洋漆方面处于国内领先地位。

清乾隆年间，福州漆器业出现了一位里程碑式的人物，他就是沈绍安——福州脱胎漆器的奠基人。相传，沈绍安在修复一座寺庙的门匾时发现，匾额虽然木头朽烂，但漆灰麻布裱褙的底坯却完好无损。他从中得到启发，不断琢磨试验，钻研"夹纻"技法，创造出了最早的脱胎漆器。他恢复创制的脱胎技法，实现了从木胎（或皮胎、瓷胎、金属胎）到布胎的飞跃。沈绍安没有满足，他把脱胎技法与髹饰表现相结合，制作出造型美观、装饰典雅的新产品，既有实用器具，也有陈设观赏器具，扩大了福州漆器的应用领域。鸦片战争后，福州成为五口通商口岸之一，作为福州手工业最响亮的金字招牌，沈氏漆器开始外销。近代著名工艺美术家朱启钤作《漆书》记载："外国人嗜沈绍安手制品，视同古玩，值虽千金，亦无吝色。"到以沈正镐、沈正恂、沈幼兰等为代表人物的沈氏第五代，福州脱胎漆器迎来"黄金时代"。随着沈氏传人开始开设分号，以及一些沈家徒弟或雇工外出自立门户，加之福建工艺传习所、福建惠儿院的漆艺传授和实践，脱胎漆器技法逐渐得以普及。清末至民国时期，福州陆续出现100多家同业店号，竞相模仿制作脱胎漆器，福州也真正成为中国的漆艺重镇。1867年的法国巴黎世博会，福州漆器较大规模登上世博会舞台。此后福州漆器先后参加过八届世博会展并获奖，创造出许多传奇故事。借助各种展会平台，福州脱胎漆器在一百多年前便已声名鹊起，远播海外。1867年世博会，法国汉学家德理文被任命为中国专门委员，负责中国展区的设计、建造和筹展。他邀请曾多次担任闽海关税务司的法国人美理登协助。美理登对福州脱胎漆器甚为熟悉，所以在这届世博会上亮相的中国漆器，主要就是福州脱胎漆器。时任法国驻日领事德白勒古对中国馆展品如此评价："在红黑漆器方面，中国在世界上所向披靡。"清末和民国时期，凡有中国参加的世博会，福州脱胎漆器几乎都被官方指定为征集品。福州脱胎漆器具有质地轻巧的特色。1889 年，巴黎世博会开幕当天，主办方听说中国将运来一件巨大的艺术品"大水牛"，就派出大型吊车等候在码头。然而船靠岸时，他们被眼前的一幕惊呆了——只见一名中国人一手拎着牛脚，就将"大水牛"送上了岸，这只用脱胎漆器制作的巨大"水牛"还不足十公斤。各国客商纷纷打听它的制作工艺，福州漆器由此名声大噪。1915 年在美国举办的巴拿马万国博览会，脱胎漆器摘得大奖章的至高荣誉。抗日战争爆发前，脱胎漆器处于发展的春天。1926 年美国费城世博会官方资料表明，沈绍安正记、恂记、兰记漆器一并在中国馆内展示，共同获得甲等大奖。在 1933 年的美国芝加哥百年进步博览会上，福州脱胎漆器、纸伞、角梳三项均获得金奖，被誉为福州手工艺的"三宝"，在国内外产生较大的影响。福州脱胎漆器屡获殊荣，极具观赏价值和收藏价值，成为福州重要的大宗出口商品。纽约大都会艺术博物馆、大英博物馆、英国国立维多利亚与艾伯特博物馆、北京故宫博物院、台北故宫博物院、中国国家博物馆、中国工艺美术珍品馆等机构都收藏着不少不同时期的福州脱胎漆器。

海上丝绸之路带动了福州"使西南洋诸口咸来互市"的繁荣景象，脱胎漆器外销也随之日增。除传统产品之外，也制作外国人适需的洋器皿，如烟具、酒具、咖啡具、西式花瓶等，这使得福建漆器的出口额逐年攀升。据统计数据显示，1905 年福建脱胎漆器的出口值为 10521 银圆，1910 年骤升至 31541 银圆，而 1920 年高达 44063 银圆。到 1933 年前后达到全盛。1933 年，福州漆器全行业经营作坊达 55 家，年销售额达 25 万银圆。福州漆器作为海上丝绸之路诸多出口外输商品之一，它在海外贸易中所占的份额虽没有瓷器、丝绸、茶叶这些大宗物品之大，但它独特的艺术魅力，在海上丝绸之路中占有一定的地位和特殊的影响，在世界艺苑中享有盛名，其意义远远超过商业贸易的范畴。

四 闽都软木画海外交流

福州软木画，又称木画，是中国著名的汉族传统工艺品，也是中国在国际上独有的雕画结合工艺品。福州软木画创始于民国初期，已有100多年的历史，发源于福州东郊西园村。相传在辛亥革命后的1913年，有人从德国带回一件类似"木画"的作品。当地民间雕刻艺人陈春润、吴启棋、郑立溪等深受启发，用从西班牙、葡萄牙及阿拉伯进口的栓皮栎树木栓层作主要原料，研试用浮雕、剪纸的手法，把其切片成厚度不等的薄片，刻成写意的亭子、树木和小鸟等零件，再拼贴成一张张精美的风景贺年片，取名软木画（软木雕成的画）。软木画首次投放市场即获成功，因此名声大噪，并应运而用。

福州软木画是"榕城三绝"之一，作为世界上独一无二的汉族民间手工艺品种，被称为"民间艺术精品"。它借鉴我国园林"框景"艺术手法，构图新颖别致，画面层次分明，色调淳朴典雅，形象逼真动人。软木画内容除反映锦绣河山、名胜古迹、花草虫鱼、先贤故居等以外，还可按创作者意图，设计雕刻出世界各地风光和私邸家园等，其风格独特，工艺精湛，形态逼真，而且具有轻便、不变形、不脱胶、抗腐蚀等优点，使人有如亲临其境，咫尺之内能瞻万里之遥，方寸之中可辨千里之秀，仿佛置身于大自然之中。

福州第一幅软木画是民国初年由陈春润创制的。随后，陈春润的得意门生吴启棋及郑立溪先后在总督后开设木画作坊。木画产品品种繁多，有屏风、挂屏、大摆件、小摆设、旅游纪念品等两三百种，花色四五百种，畅销国内各地以及欧洲、亚洲、美洲等大洲的39个国家和地区。20世纪30年代，软木画逐步从短小简易

福州软木画

的平面卡片发展到多层次、讲究透视、大小不同的半立体挂框。到了 60 年代，福州市软木画行业陈康、吴学宝、陈庄、赵权、郭木俤、吴传福等老艺人，大胆地运用圆雕、透雕原理，创作出结构严谨、空间感强、前后观赏的立体插屏，开拓了又一个木画艺术新天地，不仅在国内外市场上站稳了脚根，而且为木画事业发展的突飞猛进打下了坚实的基础。吴启棋是公认的木画界领袖，为福州软木画的传承和发展作出重要贡献。他一生共收徒 16 人，这些弟子日后都成为福州软木画界的中坚力量。1946 年，他的高足陈锟创作的《北京颐和园》，以布局严谨、雕镂精细、风格清新素雅而获得德国莱比锡博览会特等奖。由于软木画从诞生起就巧妙地运用了中国画的章法构思和宫庭园林布局造型，雕画结合、画中有诗、以小见大、古朴典雅，富有浓厚的民族风格和地方特色，因此深受国内外有识之士的赞赏。

中华人民共和国成立后，福州软木画作为世界上独一无二的中国民间手工艺品种，软木画工艺的发展一直受到党和国家领导人的关心和支持。朱德、董必武和郭沫若等领导及社会知名人士曾亲临软木画的主要生产单位福州工艺木画厂参观。邓小平同志在参观软木画后留下"民间艺术精品"的题词。

1960 年，人民大会堂建成，福建厅内壁挂的"福州西湖""鹭岛风光""泉州东西塔""武夷春色"等大型软木画，都是由福州工艺师制作的；此外，厅内还有福州脱胎漆器、福州寿山石雕。这些特艺品不论是工艺还是色彩，都体现了地方特色和时代风貌，堪称一流。它们相互辉映，共同组成和谐美妙的图画，令人赏心悦目，流连忘返。

50 年代初，软木画产值仅有十几万元，从业人员不到一百人。到了 80 年代，软木画产值已达五千多万元，从业人员高达一万五千多人。

在短短的三十年时间里，软木画就一跃而上，成为世界瞩目的工艺品之一。作品行销全国各地及欧美、日本、东南亚等 30 多个国家和地区。

捌

闽都饮食海外交流

一　闽都茶海外交流

茶文化是中国重要的传统标识性文化之一，福州茉莉花茶文化是福州最具有国际知名度的传统文化标识，是最能体现福州海洋文化、海丝文化的代表性文化之一。福州气候温润，降雨量和光照充足，土壤偏酸性，适合种植茶树，产茶历史可追溯至千年之前。唐代陆羽《茶经·八之出》说："岭南，生福州、建州、韶州、象州。福州生闽县方山之阴也。"意为：岭南一带，茶叶出产地有福州、建州、韶州、象州等地。唐元和八年（813年），福州刺史裴次元主持马球场建造。有残碑留存至今，背面刻有《芳茗原》一诗："族茂满东原，敷荣看阮阮。采撷得菁英，芬馨涤烦暑。何用访蒙山，岂劳游顾渚。"大意是：冶山周边有茶园，品优质高，叶肥芽嫩，馨香四溢，提神醒脑，在福州也能品鉴到如此好茶，这下再也不用钦羡蒙山、顾渚的茶了。闽江干流为福州带来了透水性好的肥沃土壤，十分适合茉莉花生长。据《闽茶季刊》创刊号载，福州茉莉花最初是由广州输入，先在长乐种植。茉莉花是福州的市花，茉莉花茶也成为福州的标志之一。在《中国名茶录》里，福州茉莉花茶被列为茉莉花茶类唯一的中国历史名茶。福州茉莉花茶自诞生于北宋以来，走过了1000多年的历史，到清朝咸丰年间，福州茉莉花茶更是逐渐成为贡茶。五口通商，福州开埠以后，福州茉莉花茶更随之流传到世界各地，成为"中国春天的气味"。历史上有众多名人，喜欢来自福州的清雅茶香。《清宫禁二年记》记载："其头饰上，珠宝之中，仍簪鲜花。白茉莉，其最爱者。皇后与宫眷，不得簪鲜花，但出于太后殊恩而赏之则可。余等可簪珠与玉之类。太后谓鲜花仅彼可用。"慈禧太后对福州茉莉花茶尤为钟情，最爱喝的是茉莉双

"一片三坊七巷，半部中国近现代历史。"很高兴有机会来到三坊七巷探索福州丰富的文化历史，这里的每个角落都保存了塑造了中国点点滴滴的学者艺术家、音乐家们的事迹。（亲身体验双世遗"最美初见"福州茉莉花茶林家传统窨制工艺。）

美国驻华大使尼古拉斯·伯恩斯来访，体验茉莉花茶制作工艺

熏，即将事先熏制的福州茉莉花茶，在饮用之前再用鲜茉莉花熏制一次。在她的带动下，皇宫内饮茉莉花茶成为时尚，在京津的上层官员和外国人中，也掀起了福州茉莉花茶热，福州茉莉花茶成为贡茶。这也是福州茉莉花茶在历史上迎来的第一次辉煌时期。1912年，孙中山先生来福州向义商募集革命资金，宣扬革命理念，受到福州各界的欢迎。在榕期间，他还曾到清代著名船政大臣沈葆桢的后人沈秉焜家中"吃"茶。当天沈秉焜备下的茶就是茉莉花茶，孙中山先生坐定之后呷了口茶，连称好茶。1972年，毛主席在书房会见尼克松总统时，喝的就是福州茉莉花茶。著名福州籍作家冰心因从小生活在嗜茶的家庭中，一生都受到茶文化的影响。她曾在《茶的故乡和我故乡的茉莉花茶》一文中写道："中国是世界上最早发现茶利用茶的国家，是茶的故乡。我的故乡福建既是茶乡，又是茉莉花茶的故乡……而我们的家传却是喜欢饮茉莉花茶……"此外，冰心89岁时，在《我家的茶事》一文中曾写道："茉莉花茶不但具

有茶特有的清香，还带有馥郁的茉莉花香。"北京人最喜欢喝的是花茶，老舍先生也不例外，他也酷爱花茶，自备有上品花茶，老舍喝的这类"香片"，就是有名的"福州茉莉花茶"。

福州茉莉花茶与古代海上丝绸之路的关系最为独特，福州茉莉花茶的产生和传播都与古代海上丝绸之路紧密联系，具有"引进来"和"传出去"的双向互动关系，可以说福州茉莉花茶是古代海上丝绸之路的见证者和活化石。一方面，茉莉花是通过古代海上丝绸之路引进中国的。汉武帝打通了海上之路之后，西方的香药也逐步通过这条海上丝绸之路输入中国。在 2000 多年前的汉代，茉莉花从波斯湾（今伊朗）一带，经印度引种后，从海上丝绸之路传入中国，最早在福州落地生根，产生了中国最早的茉莉花"福州茉莉花"。晋代《南方草木状》里已有记载中国古代茉莉花的栽培技术。茉莉花是制作茉莉花茶的最重要的原料，茉莉花通过海路传入中国沿海福州，再逐步传入内地。另一方面，福州茉莉花茶通过海上丝绸之路传播到全球各地。福州人从宋代开始研究香茶，到明代中期初步形成将茉莉花与绿茶完美融合的制作工艺，创造出福州茉莉花茶。明宣德六年（1431 年）一月，郑和受明宣宗朱瞻基之命，第七次下西洋，船队抵达福建长乐城，停港等候冬季的东北季风。期间，郑和船队在福建采购大量名茶，其中就有可能携带福州茉莉花茶，随船队漂洋过海到东南亚及阿拉伯和非洲，传到了 30 多个西太平洋和印度洋的国家和地区。1842 年以后，福州港成为五口通商的口岸之一，福州茉莉花茶向世界传播，同中国的瓷器、丝绸一起名扬四海。1915 年，美国政府为庆祝巴拿马运河开通，在西海岸的旧金山市举办一场盛况空前的"巴拿马太平洋万国博览会"，"福州第一峰"福州茉莉花茶获得银奖，成为当时世界最流行的"中国春天的味道"。同治时期，3 位福州少女在法国巴黎世博会上登台表演了中国茶艺，引起轰动，这是福州人参加世博会的最早记录，也是福建茶文化登上世界舞台的一个重要节点。

大江贯穿，福州通过水路连接福建近一半面积的地方，长期以来是交通、贸易的关键枢纽。在中国茶的发展史上，福州不仅是一个中国重要的产茶区和茶文化繁育传承基地，而且是中国茶叶和中国茶文化走向世界的港口。中国茶出口量最大、最重要的途径就是通过海上丝绸之路走出国门，由福建、广州通向南洋诸国再经马来半岛、印度半岛、地中海走向欧洲各国。在古代海上丝绸之路中国茶的传播过程中，茶叶历来为闽江上游山区的传统产品，其中武夷茶又是茶中精品。武夷茶叶的对外运输就必须提到福州港。福建历来是产茶大省中的翘楚。当时各地的红茶、绿茶、白茶、砖茶等，也都集中在福州港出口。根据茶叶上市日期，可分为四月下旬销白毫银针之类，五月下旬绿茶入市，六月下旬红茶运往欧洲，七月半粗茶销往俄国。每年六、七月份，是茶叶输出最旺的时期。"头春已过二春来，榕城四月茶市开。陆行负担水转运，番船互市顿南台。千箱万箱日纷至，胥吏当关催茶税……"翁时农所作的《榕城茶市歌》生动地描绘了当时泛船浦、海关埕一带茶市的繁荣景象。

19 世纪，世界政治格局的巨变，使中国这个物产丰饶的古老国度，在西方人眼中充满着神秘和诱惑。长期以来，他们一直都渴望寻求机会同中国建立贸易往来。1832 年 2 月，英国东印度公司派遣精通汉语的林赛、郭士立（又译作郭士礼）乘"阿美士德"号，从澳门出发，沿海岸线北上，以"买卖贸易"为幌子，一路密探搜集沿海重要港口的商业和军事情报。在福州逗留期间，林、郭二人侧重考察了福州港的基本情况，认为："就福州地位与商业便利来说，那帝国的城市在地位上很少比福州更适宜的，……福州与广州对比，也是一个分配英国毛织品更适中的地点。"更重要的是，位于闽江上游的武夷茶产区，距离福州只有 150 英里（1 英里约等于 1.61 公里），茶运到福州最快只要 4 天，而如果运到 600 英里外的广州则要 1—2 月，运到上海也要 28 天左右。这样，通过闽江直接运茶到福州出口比从广州出口，每年每担可以节省 4 两银子的运费，每年 15 万担，就是节省 60 万两。因此，就区域位置和节省成本而言，福州是十分理想的茶叶贸易口岸。次年，林、郭将在中国期间的间谍活动写成报告，递交给老板和英国政府。1835 年 7 月 24 日，林赛致信给英国外交大臣巴麦尊，提出了一个周密的侵华计划，企图封锁中国沿海地区，迫使清政府就范。阴谋终于在 1842 年得逞。1840 年 6 月，第一次鸦片战争爆发，以清廷惨败告终。1842 年 8 月，英国军舰进逼南京江面，清廷不得不在船坚炮利面前屈服，签订了中英《南京条约》。自此，福州正式被纳入了世界茶叶贸易体系，英人"将来入武夷山中，不啻探囊拾芥"。1853 年，洪秀全领导的太平军势如破竹，攻陷南京后，战火很快就波及大江南北，原来取道江西运往广州出口的武夷茶通路因此被切断。同时，上海也爆发了小刀会起义，武夷茶的另一条通路也受阻。为了保证武夷茶出口通路的畅通，广州的美国旗昌洋行认为外商们不妨从福州出口茶叶，并做出表率，于 1853 年深入武夷茶区，大量收购红茶，然后沿着闽江一路向南到福州出口，获得了成功。旗昌洋行的成功，也让其他同行看到了"钱景"，英国义和、宝顺、来士、太平、捷逊洋行及美国的隆顺洋行等接踵而至。据闽海关统计，1867 年，福州有英国洋行 15 家、美国洋行 3 家、德国商行 2 家、银行 3 家、货栈 2 家和印刷局 3 个。1891 年，在榕开设的外国洋行数量达到 17 家，均以茶为最大宗货物。1853 年，至少有 6 艘船运茶出口。次年，运茶船数量增至 35 艘，茶叶出口量达 13 万担。1855 年，约有 74 万磅（1 磅约等于 0.45 千克）茶由五家经营茶叶的外国商行运销国外。1856 年，数量增至 410 万磅，其后三年平均数为 355 万磅。另据不完全统计，1853—1860 年，福州港出口的茶叶总量高达 2.26 亿多磅。此外，1853 年以来，茶叶出口值占全国茶叶出口总值的比重也是连年攀升，呈现井喷之势。1853 年占 5.7%，1854 年为 17.4%，1856 年为 31.4%，1857 年为 34.5%，1859 年为 42%。19 世纪 70 年代，福州口岸每年出口 80 多万担，价值 2000 多万元。根据 1871—1873 年的外贸统计，中国平均每年出口值为 11000 万元，其中茶叶出口值为 5797 万元，占 52.7%，占据半壁江山。而仅从福州口岸输出的茶叶出口值就占全国总值的 35%—44%。

福州毫无悬念地成为世界茶叶贸易第一大港。当时的福州茶香浮动，引来万国所向。成箱成箱的武夷茶，从崇安码头出发，南下取道闽江，运至福州港，由往来不绝的船只通过海上丝绸之路运抵世界各地。在英国权威茶文化学者威廉·乌克斯的记载中：马尾罗星塔下曾经云集了 150 多艘来自海外的运茶船，他们是为闽江上游顶级的武夷红茶而来。福州港夜以继日地吞吐着插有各国旗子的货船，这些船上的主要货物为茶，有福州茶，有就近汇集而来的省内以及广东、广西的茶。烟台山的那些洋行，大多经营的也是茶，"万里茶路"航程就此展开。遥远的万里茶路和炙手可热的高额利润催生了茶叶快运舟——"飞剪船"的诞生。1866 年 5 月 30 日，九艘"飞剪船"满载头批上市的茶叶，从福州港出发，驶向大英帝国。这既是一次长途运输，也是一次竞速比赛。100 多天的海上航行，最终"太平号"比英国"爱丽丝号"提早 20 分钟抵达伦敦，成为赢家，得到每吨茶叶 10 先令的额外奖金。我们可以想象，在一个多世纪前马尾的罗星塔下的江面上，停留着上百艘来自世界各地的海船。他们从罗星塔下出发，竞相开往纽约、伦敦等地，就为了将上好的福建茶叶运到欧美各国。从福州出发的轰轰烈烈的运茶比赛成为当时欧美人热烈追捧的国际赛事，其热度不亚于现在的世界杯。英美文化史上曾经出现诸多涉及该主题的艺术作品，在诗歌、绘画、小说等艺术作品的渲染下，福州成为扬名国际的"世界茶港"。因为运茶比赛始于罗星塔下，因此，这座福州港的领航灯塔被西方世界亲切地称为"中国塔",在当时的西方人眼中,它是西方到达中国的终点,也是中国驶往世界的原点。繁荣的茶叶贸易为福州带来了巨额的财富。《东亚各港口岸志》指出,福州"为南洋之第一要冲",并认为福州是"中国东南之财源"。茶叶贸易的税收同时也成为福建船政重要的资金来源。

19世纪60—70年代中期,福州茶叶市场迎来黄金时代。福州港茶叶年出口量基本占中国茶叶出口总量的40%左右,居全国茶叶输出的首位,与九江、汉口并列为"中国三大茶市",是当之无愧的"世界茶港"。由于茶叶贸易的急剧提升,福州的国际影响力也日益增强。福州开埠以来,在仓山面积不到1平方公里的毗邻泛船浦码头的区域内,先后有英、荷、德等17个国家设驻领事馆。随后,福州掀起了历史上的第一次外商投资热潮。福州与汉口成为中国历史上最早机械制茶的地区。同时,"新茶路"的开通,不仅改变了鸦片战争中国对外贸易格局,还为福州带来了巨大的收益,当时福州被认为是"中国东南之财源",商业突破城墙而外溢。自茶叶贸易兴起后,闽江两岸店铺林立,南台地区成为茶叶交易的主要场所。由于福州离闽江口大约有15海里的距离,而闽江较浅,大货轮一般无法逆流而上到达南台载货,只能停在马尾港里等候小驳船把货物运来接驳装载,这样福州的贸易功能实际上已经延伸到了马尾港。利润丰厚的茶叶贸易税收是马尾船政重要的资金来源。各国兵船来福州均停泊于马尾港,各大洋行、钱庄、银行等都入驻榕城,新的金融体系在此建立,福州已然成为中国东南沿海一个具有国际影响力的城市。

19世纪末,随着印度、锡兰、日本等新产茶国的兴起,加之中国制茶技术落后、运费高昂、税收繁重等原因,闽茶的竞争力渐失,福州港的国际地位也因此遭受冲击,"世界茶港"随之没落。

中华人民共和国成立后,在《中国名茶录》里,福州茉莉花茶被列为花茶类唯一的中国历史名茶。改革开放前，中国出口的茉莉花茶 100% 为福州生产，福州茉莉花茶一直被列为外交部礼茶，同时福州茉莉花茶还占内销的 40% 左右，凭票供应。美国前国务卿基辛格在回忆录中说，1972 年毛主席在书房会见尼克松总统时，喝的就是福州茉莉花茶。至今，国家外交部茉莉花茶礼茶均为福州所生产。福州茉莉花茶，不愧是世界知名的"中国春天的气味"。

近年来，福州市深入挖掘福州茉莉花茶的历史文化价值，并通过多种渠道传播福州茉莉花茶文化，增强福州茉莉花茶品牌影响力，有力推动福州茉莉花茶产业复兴。2011 年，福州被授予"世界茉莉花茶发源地"称号。2012 年，福州被授予"茉莉花茶出口领军城市"荣誉，福州茉莉花茶被授予"世界名茶"称号。2014 年，"福州茉莉花种植与茶文化系统"被联合国粮农组织认定为"全球重要农业文化遗产"，福州茉莉花茶窨制工艺被列入第四批国家非物质文化遗产代表性项目名录。2020 年，福州茉莉花茶入选中欧地理标志首批保护清单。2022 年，包括福州茉莉花茶窨制工艺在内的中国传统制茶技艺及其相关习俗被联合国教科文组织列入人类非物质文化遗产代表作名录。2023 年 5 月，中国茶叶区域公共品牌价值评估报告显示，福州茉莉花茶品牌价值达 42.2 亿元，较 2022 年增长 9 个百分点。目前，全市有茉莉花茶企业 100 多家，其中农业产业化国家级重点龙头企业 3 家、中国茶叶百强企业 6 家、农业产业化省级重点龙头企业 12 家，茶叶企业拥有中国驰名商标 4 个。福州茉莉花茶同时具备地理标志证明商标、原产地产品保护标志、农产品地理标志等 3 个地理标志。福州茉莉花茶已成为福州的城市金名片。福州口岸茶叶出口量位居全国前列，出口均价提升至中国第二位。相信曾为"世界茶港"的福州，今后将在中国茶的出口贸易上发挥越来越重要的作用。

二 闽菜海外交流

　　闽都饮食文化历史悠久，源远流长，具有浓郁的南国地方特色。特别是福州菜以烹制山珍海味而著称，在烹饪界独树一帜，成为全国八大菜系之一闽菜的主体，故有"福州菜飘香四海，食文化千古流传"之称。福州美食，高档的有闽菜系的满汉全席、鱼翅席、海参席、燕窝席、鱼唇席、佛跳墙等，其中最享盛名、誉满中外的是"佛跳墙"，被列为闽菜谱的"首席菜"。闽菜常被列为国宴之一，西哈努克亲王、里根总统、伊丽莎白女王等国内外佳宾都曾品尝过闽菜。福州的风味小吃有鱼丸、肉燕、虾酥、蛎饼、光饼、鼎边糊、春卷、炒粉、线面等数十余种，深受广大福州市民和游客的欢迎。闽菜菜谱达2000余种，其选料精细，用料和调味均以地方材料为主；操作严谨，注重刀工、火候；擅长炒、熘、煨、炖、蒸、爆诸法，偏重甜、淡、酸，色、香、味、形俱佳。闽菜在色、香、味、形、器以及用料上都有自己独特的风格，具有多汤、清鲜、和醇、荤香不腻、精细典雅等特色。烹制出的菜肴不但味美，有独特的风味，而且外形生动多姿、色泽明亮艳丽、器具小巧雅致，达到"观之赏心悦目，食之心醉神迷"的境界。

　　随着福州海外移民的扩展，闽菜烹饪技法和饮食文化通过贡史、僧侣、修士、闽商、华侨、各国商人等群体，以不同的方式传播到了海丝沿线的国家，产生了巨大影响。

　　明万历十三年（1585年），西班牙传教士门多萨在罗马出版《中华大帝国史》一书，书中描述了马丁·德·拉达修士等人出使福建，在福州品尝闽菜的体验："有烧煮好的肉和鱼，也有腊肉、阉鸡、鹅，整只母鸡及牛肉块。最后上的是很多盛满用糖和杏仁做成的甜食的小篮，都制作奇特。"写及宴会场景时，对闽菜风味亦是印象深刻：
"摆满烧煮食品，丰盛到超过五十盘……安排之好，可以宴请世上
的任何王侯。"

《中华大帝国史》是 16 世纪西方人认识中国的一本重要著作，
其对于闽菜的描述，使得闽菜技艺成为西方人最早了解的中国烹饪
技艺之一。康熙皇帝的老师之一意大利人闵明我，明末清初时曾来
过福州。闽菜刀工之精妙让他惊叹不已，并做了详细记录："我有
生以来，从未见过如此娴熟的刀下技艺！"这段文字后来传到西方，
让西方人认知了闽菜的刀工技艺。和中国同属大航海时代"全球圈"
一员的琉球，受闽菜的影响则更为直接。明清时期，贡使交流和贸
易发达，琉球被日本吞并之前，每逢新国王嗣立时，"中华帝国"
都会派遣册封使团去琉球，当时福建是中国通往琉球的唯一口岸，
因此使团中福建人占比较大，闽菜的烹饪技艺正是由使团中的福建
厨师"跨海"传授给琉球厨师，直接影响了琉球人的饮食习俗和烹
饪方式。琉球饮食中的闽菜"基因"十分明显。据周朝晖《冲绳食事，
闽菜基因》考证，1808 年和 1866 年，两名到琉球的册封使都是福
州人，因此王府接待国宴内容中闽菜元素十分明显，食材用料、烹
饪方法以清炖、煨煮、红烧为主，多以汤、酒糟入馔，技法和闽菜
如出一辙。宴席中的传统点心，也大部分来自福建的传统茶食，有
糯米糍麻团、橘饼等，深具福州传统风味。刘立身《闽菜史谈》则
提到，明代陈侃在《使琉球录》中记载了"闽味"的琉球国宴场景："山
蔬海错、糗饵粉酏，杂陈于前者，制造精洁，味甚芳旨；但止数品，
不能如昔之丰。询之左右，乃知前此之设，皆假诸闽人。"就是说，
当时琉球招待中国使者的国宴中，不管是"山蔬海错"，还是米粿、
糕点、米粉等，都是琉球国特地请闽人厨师烹饪的。直到今天，冲
绳在饮食方面还有迥异于日本其他地区的独特文化，诸如炖猪腿、
酱油烧猪蹄、苦瓜炒肉等，都是典型的闽菜风味。1798 年日本人

所著的《唐山款客式》一书中，详细地记载了福建风味的宴席做法与"道具"，还专门记载了乾隆年间以闽菜为主的"满汉席"菜谱。日本人中川忠英在清嘉庆年间所著《清俗纪闻》一书第四卷里，专门介绍了中国烹饪中的福建菜肴，从茶、酒、醋、酱、豉、曲到点心、大菜，不一而足。

在日本，日本人把隐元禅师带来的菜豆叫"隐元"，日本现有的菜豆、西瓜、竹笋、莲藕等都是隐元禅师带过去的。明末时期大批福建沿海人民因各种原因东渡日本或避难于日本长崎，逢年过节或者各种喜事会从福建沿海带入美味"蛏"，以及各种用海产品做成的油炸食品，日本人甚是喜欢。当日本人问起是何等美味时，出生于福州地区的福清人（特别是福清高山人的口音）就会说"蛏燸炸""tenpula"。福清人把所有炸的东西都叫"puza""pula"或"tenpula"。日本另一种菜肴"普茶料理"则出自黄檗宗禅寺。江户时代的 1654 年，禅僧隐元从福建渡海而来建万福寺。在寺院里东渡的福建沿海人做素菜多用油和淀粉。油炸食品早已从中国传入，再加上福建沿海作法，就产生了"天妇罗""天麸罗"。"普茶料理"用餐是围桌而坐，大盘上菜，小碟分食，所以现在日本人所喜爱的的天妇罗"天麸罗"并非所谓西方人带到日本的，实际上就是福建闽东地区"福州人、福清人"最为钟爱的"蛏燸炸""tenpula"。

而与福州海上丝绸之路历程中关联最为紧密的东南亚饮食，其中的福州元素更是十分丰富，新加坡、印尼、菲律宾的众多菜肴、小吃都与福州饮食一脉相通，闽籍移民带去的豆腐制作技巧、甘蔗种植方法、制糖技术乃至瓷器、餐具等，对于东南亚饮食文化都有重要的影响。福州一些著名的风味小吃，如拌面、鱼丸、蛎饼、鼎边糊、光饼、春卷、线面等也随着福州人的迁移，传入东南亚，有的甚至融入当地社会，成为当地的名牌小吃。如干拌面、光饼已成为马来西亚诗巫街头的名牌小吃，诗巫人称干拌面为 Kampua，这种用猪油干捞手工细面的福州小吃，已成为当地人最爱吃的早餐。价廉物美的光饼在诗巫备受欢迎，诗巫老城区的光饼店"发饼家"仍然使用福州传统的方法烘制光饼，每天可烘制出 5000 个光饼，仍然供不应求。

在美国，早期福州人从事的行业，十有八九是餐馆业。大纽约地区中餐馆越开越多，几近饱合，于是向外州和小乡镇发展。那里餐馆需要人手，通过电话把招工信息汇集至中心城市的各种同乡会和职业介绍所，而打工者早已将自己的资料和要求登记在册，任君选择，各自敲定，再以电话通知对方届时到站接工，这边便可跳上巴士上路了。各种社团既可作为中间媒介，又可辅导新来者简单必要的英语、乘车路线等。日积月累，福州餐馆已遍及美国各州、市，形成有"有人群聚居处就有中餐馆"的现状。除了遍布各地的快餐店、小餐馆外，也有名声响的大酒楼，如怡东、金台，可供上千人同时进膳，一次晚宴营业额可达数万元。福州人还从事自助餐行业，由于菜点齐全、质量上品，还能提供意想不到的时令菜，有时还摆出睽违已久的土特产，美食世界丰富多样，令顾客手托瓷盘，不知从何下手。一些有名气的餐馆都设有分号数家，有的已开设到新泽西州、康涅狄格州，成为集团型的大企业。由于福州人接踵到来，美国城乡餐饮业越加蓬勃多样，不但满足了华人的饮食习惯，也使其他族裔大快朵颐。中餐馆里时常听到讲英语、西班牙语、东南亚各种语言、拉丁语的食客，吃得谈笑风生，偶而还夹杂一句中文。众多的中式外卖店更是工薪值勤人员赖以果腹的好去处。如像环保人员、修路工人、清洁工及值勤警察进出中式外卖店，经济方便，实惠可口。遍布美国各州的福州式自助餐，有的还兼有广式饮茶、特色小吃、点心、各式烧烤，外加甜食水果，真是目不暇接，来者总可找到自己喜欢的菜肴。福州人在美国餐饮业的发展，已成为地域经济中一股不可忽视的经济势力，并逐渐引起各方注目，纽约的最主要报纸——《纽约时报》曾在报道中为此发出惊叹和赞赏。一波又一波的福州人来到纽约后，当彼此挤得无处安身、工作难求时，走向外州开餐馆是最好的选择。福州人拿出吃苦耐劳的打拼精神向外发展，北上波士顿，南下维吉尼亚，西至田纳西，一位福州新移民有些夸张地说："到处都有中餐馆，美国人靠我们吃饭。"一般是先由一两个年轻人先去外州打工，一年半载熟悉情况后，再集资买个餐馆，举家迁去。经营上路后，小店发展为大店，大店再开分店。福州餐馆在美国遍地开花后，也促使风味小吃走向美国。福州风味小吃是闽菜中极具特色的一类，它把祖国、家乡与海外侨胞紧紧联系在一起，随着福州移民人数增加，福州风味小吃店也越开越多，每个小小店门，都透露出浓浓乡音深深乡情，显示出闽都文化独有的色彩风情。旅居海外多年的福州移民总怀恋他们儿时在家乡吃的芥菜粥、阿焕鸭面、木金肉丸、鼎鼎肉松以及虾酥、蛎饼、鼎边糊等风味小吃，他们每次回到家乡总要去一一品尝。于是酒楼庆筵也会出现精致美味的肉丸、鱼丸，而相继开张专营小吃的饭店更是鸭面、粥羹俱备，蛎饼、鼎边糊齐呈，使得那些远方打工的福州人，每日来到华埠，便争先恐后地奔向小吃店，品味家乡各式小吃，以饱口福。从格兰街、包里街到东百老汇大道等街头随处可见福州鱼丸、肉燕、礼饼、肉包及扁肉等福州风味食品，而小吃店里更有花蛤鼎边糊、福州捞化、上排线面、海蛎煎饼等深受福州移民欢迎的家乡风味小吃。这些独具地方特色的食品，在华人社区十分畅销。外地来的华裔多在路边小摊吃上几碗，以解"乡愁"，邻近的人则大包小包的买回家与全家人共享。而制作这些风味小吃的业者就是本社区的小商贩，他们因陋就简，租屋设厂，有些独特的加工工具，则是从万里外的福州带去，组装形成以手工为主的加工厂，依靠自身技术产出肉燕、鱼滑等福州风味食品，由于竞争激烈，只能薄利多销。不少人是与人合伙在晚上加班生产，白天分头外出销售。随

同利肉燕

着移民增加，福州餐馆外迁，福州风味小吃也在流向纽约以外的州、市、郡，福州乡亲见面时，经常互道在某个偏僻乡镇居然出现地道的鱼丸、蛎饼等福州小吃。他们露出惊奇之色，也深感欣慰。

伴随着改革开放，闽菜的海外交流迎来一个新的发展阶段，闽菜的对外交流活动日益增加。强木根大师曾多次到新加坡、韩国、香港、台湾等地展示闽菜技艺，1996 年在韩国，他利用当地原材料烹制出的闽菜"香油金虾腿""十子排骨串""三丝伴糟鸡""淋汁素珍丸"，大受好评；林水俤大师 1997 年在法国巴黎表演展示的"醉糟鸡""花篮龙虾""鲟肉萝卜珠"等佳肴，获得满堂彩，巴黎市长亲自为其颁发奖牌和证书；姚建明大师、罗世伟大师、强振涛大师等也多次作为福州餐饮界代表赴国外和港澳台地区进行闽菜交流……闽菜群星闪耀，在国际舞台上赢得了越来越高的美誉度。海外中餐厅数已超过 60 万家，正宗中餐正逐步成为海外中餐业主流，各大菜系的海外传播日益清晰，而随着多样化交流活动的开展，中餐认知度和美誉度也有所提升，闽菜品牌企业的门店数量不断增加，规模不断扩大。

2014年起，福州开展"榕情四海·闽菜飘香"系列对外交流品牌活动之一，巡回美国、加拿大、英国、德国、日本、泰国、马来西亚、印尼、俄罗斯、匈牙利、捷克等国家，通过"以食为本、以食为媒、以食为缘、以食为桥"，展示闽菜风韵，将闽菜不断推向国际。

2016年，"中餐繁荣之闽菜展示"系列活动在欧洲葡萄牙、瑞士和爱尔兰三国举行，以"味道闽菜"为主题，展示中华厨艺的精髓。

2019年，福州小吃随福州文化交流团赴欧洲荷兰、比利时作巡回表演，"福宴"主题晚餐将活动推向高潮，由陈伟杰、陈辉两位中国烹饪大师领衔制作的佳肴，让闽菜源远流长的高超技艺与深厚人文底蕴，成为一座中西文化融汇共通的交流之桥。2019年，福州文儒闽菜创始人郭可文先生等一行赴菲律宾马尼拉考察交流，与当地侨领、餐饮业者就中菲食材、习俗、厨艺、人才及跨国经营等进行交流，为争取闽菜馆海外拓展做足功课。

正是福州自古以来通过海外互动所带动的食材、物产的双向交流，使得福州闽菜文化在闽地风味之外，更呈现出一种中西合璧的开放性和包容性，这是闽菜作为中国"八大菜系"之一所特有的烹饪特色和文化底蕴。

三　闽都荔枝海外交流

荔枝的历史就是福建海上丝绸之路与中原地带的交流史，也是中国与外国的文化交流史。荔枝作为中国华南地区的特色美味水果，已有 2000 多年的栽培历史。中国最早记载荔枝的文献是西汉司马相如的《上林赋》，文中称荔枝为"离支"。明徐兴公《荔枝谱》记载，福州郊区的凤岗一村就有很多荔枝品种，而荔枝树的数量竟有数百万棵。宋元时期，福州的海外贸易过程中，荔枝曾经成为强有力的国际易货等值货币。据蔡襄《荔枝谱》载："福州种植荔枝最多，延迤原野，洪塘水西（水西旧指南屿）尤其盛处，一家之有，至于万株。""其中优良品种有一品红、状元红、大丁香、满林香、十八娘等。"荔枝成为闻名遐迩的贡品和贩卖海内外的重要土特产品。《福州府志·物产》载："水路浮转以入京城，外至北戎、西夏，其东南舟行新罗、日本、大食之属，莫不爱好，重利以酬之，故商人贩益广。""而乡人得饫食者，盖鲜以其断林鬻之也。"意为大多数产家将荔枝贩卖外地可得到好价钱，或作为贡品，自家不舍得吃。福州西禅寺、莆田等地至今尚存的宋荔，不仅是世界上最老的荔枝树，也是世界罕见的高龄多产果树。明清时期，福州荔枝品种众多，其中"江家绿"为福州荔枝之冠。商人从长乐太平港装备启航出海，其配货物中，都少不了荔枝。为了长时间保存，当时对储藏也很讲究。民间盛行"红盐法"制作荔枝干，方法是：以盐梅酒浸泡佛桑花为红浆，再将鲜荔枝投进红浆浸泡，捞起晒干。经过如此加工的荔枝干"色红而甘酸"，可收藏三四年不坏、不长虫，"修贡与商人皆便之"。还有一种"白晒"法：将鲜果穗薄铺于大竹筛内暴晒，待果色由红转暗红褐色后，将一空筛覆盖在果筛上翻转，然后剔除劣果和腐烂破裂果实。每天翻筛一次，待果有八成干时进行剪果，从果蒂附近剪离，再在晴天中午堆叠果，外加果席焗至翌晨，连续3—4 天。焗果至九成干时，如发现果壳色泽不鲜，则在烈日下用清水喷雾洒果一次，以改善果色，此称"催色"。当果晒至种子能用锤击粉碎即成。宋廷"令兴、泉、漳三郡亦均其贡"，与福州一样进贡"白晒"荔枝干。除了荔枝干，还有荔枝蜜。这是闽省生产的上等蜂蜜，琥珀色，有浓烈的荔枝花香味，被誉为"果中之王"。荔枝蜜芳香馥郁，味甘甜，微带荔枝果酸味，既有蜂蜜之清润，却无荔枝之燥热，具特殊的生津、益血、理气之功效，也是福建特有的蜜种。李纲于南宋绍兴元年（1131 年）来长乐，住在寒岩寺。寺林木掩映，荔枝遍野，是福州府著名的荔枝产地。据邑志记载：宋时，寒岩寺四周山园有五百余亩，栽种的荔枝树达五六千株。李纲边品尝荔枝，边聆听着寒岩寺的晚钟，写下了不朽名作《荔枝后赋并序》。荔枝除作为贡品外，也为海外各国所爱好，"重利以酬之"。因此，"闽粤荔枝食天下，其余被于四夷"。长乐太平港岸上"有人搭寮开店贸易，人如云集，竟成大市"。随着这条中世纪海上丝绸之路航线的开通，福州港口贩运的货物主要是地方土特产，如荔枝、木材、纸、铁、白梅、草席、瓷器、桐油、茶叶、丝绸等。这些产品大量输出以换取番舶来品，甚至海外银圆也由此开始流入福建沿海。1903 年和 1906 年，美国传教士蒲鲁士两次从福建运走荔枝树苗，在美国佛罗里达州试栽成功，并推广到南部各州及巴西、古巴等国。福建荔枝传到美国后，深受美国人民的欢迎，称它是"果中之王""果中皇后"。现在美国等国所种的荔枝，论其品种都可以说是"福建荔枝"。郑和驻扎长乐太平港时，除了采办米、盐、糖，还就地招募有航海经验的船工、伙长。船队有一名舟师黄参，是长乐塘屿乡人。在他推荐下，"邑人从之者众，随师远航"，也带走荔枝、龙眼等农作物。在印尼流传着郑和副手王景弘因病羁旅三宝垄开荒种地的故事。在巴厘岛金达曼尼山上，有座纪念郑和厨师的庙宇，内陈列三宝厨师用过的一把菜刀、一双拖鞋和一杆竹制烟斗。据说这位福州厨师把中国的荔枝留在巴厘岛，从此这里成为印尼唯一产荔枝的地方。

玖

闽都海外商贸

古代福州人既善于制造适合在江河浅滩行走的竹排、木筏，具有江河行船的高超技艺，还善于制造出适合在大海波涛中乘风破浪的远洋航船——"福船"。福州人征服大海，远渡重洋的勇气和水平闻名海内外。

福州马尾外接东海，扼东西海上交通要道——台湾海峡的中段。马尾港是中国东南沿海地区难得一见的天然良港，港口水深浪平，适合停泊吃水较深的大型远洋商船。有此良港，福州成为中国古代海上贸易运输的重要中转地，善于扬帆大海波涛之中的福州商人，将海外贸易航线推到令人难以想象的远方——东北贸易航线经琉球，可到日本、朝鲜；西南贸易航线经东南亚、南亚，可抵达西亚、北非。

汉代至南朝，福州就是对外交通与贸易的枢纽，唐宋以后更成为中国东南沿海对内、对外贸易的重要口岸之一。《三国志》载，当时"亶洲"人民"时有至会稽货布"，而东冶人也有"海行"流移至亶洲者，两地往来交易必有其货。六朝时，福建"商舶远届，委输南州"，而大秦、天竺"商货所资，或出交部"，说明贸易往来频繁，只是对具体货物大多语焉不详。考古发现福州怀安窑的瓷器从南朝至唐代外销地区逐步扩大，及于东、西洋乃至南洋各地，如日本九州的博多、福冈有大量出土，泰国、越南、文莱也有发现。至唐代，福州对外贸易更加发达，旅居者竟有"市井十洲人"之众。然诗人所咏贡物仅有"执玉""还珠"之说。《球场山亭记》碑有"廛闬阗阗，货贸实繁"的记载，于进出口货物也无明说。其他史料记载，唐代福州通过海路输出的众多货物包括丝绸、陶瓷、茶叶、漆器等。唐末五代王审知治闽期间，实行开明的国际贸易政策，"尽去繁苛、纵其交易"，还设"榷货务"作为专门的管理机构，大大促进海外商贸与交往活动。

宋元时期，福州港是重要的海上丝绸之路口岸，海外影响力仅次于泉州港。闽清窑、连江窑、福清东张窑及福州宦溪窑、小箬窑等大量生产青白瓷，下南洋远销海外。福州造纸及印刷业发达，故刻书远销海外，有"书籍高丽、日本通"之说，史载"闽商海贾，风帆浪舶，出入于江涛浩渺、烟云杳霭之间"。宋代福州丝织业发达，丝织品是其主要的国际贸易输出产品。北宋时，荔枝已成珍果，从福州输往东洋和西方大食之属。宗室成员也不顾朝廷"兴贩蕃舶之禁"，"强市海舟"，贩运禁品。福州成为

福船

大规模的商品进出口集散地。南宋时，从福州输出的传统商品依然以丝绸、瓷器、衣料、药物、食品等为主。值得注意的是，刻版印刷的书籍数量增多。丝织品、棉织品等仍是海外各国所喜爱的商品，除此海外各国还从福州大量采购药材、日用品、工艺品、纺织品以及纸伞、锡器、橘饼等，种类甚多。册封舟上带往琉球的商品，还有纸张、文具、字画、印章及其他手工艺品。元代，朝廷在福州设海船"万户府"，推动了福州国际贸易的复兴和繁荣，海外商舶频繁造访。马可·波罗在游记中赞扬福州"珍珠、宝石业很盛"，许多印度商人乘船到闽江道头开展珍珠、宝石贸易。因此，宋元两代，福州号称"闽海一都会，象犀、珍珠之所聚"，"闽海东南大邑，凡货财、珠玑、犀象之所储积甲天下"，台江万寿桥边，"鱼盐百货之辏，万室若栉，人烟浩穰"。福州俨然为国际贸易大商港，各类船只大量游弋于闽江之上，福州港口、码头的贸易盛况，由此可见。

明洪武年间（1368—1398 年），福州成为政府指定的与琉球国进行朝贡货物贸易的港口。琉球国地瘠民贫，所贡土产不过马匹、硫磺，他们见有利可图，遂从南洋交易取得珠宝、珍奇，转贡明王朝，而又将明廷所赐礼物或从福州等地所购得货物转贩南洋，以获大利。他们从福州转贩许多商品，福州又成为琉球转口贸易的中心。据《闽书》载，琉球贡物有马刀、玛瑙、象牙、金银酒海、粉匣、折子扇、泥金扇、铜锡、夏布、牛皮、降香、木香、苏木、乌木、胡椒等。而他们从中国获取的产品则以丝绸、瓷器为主，还有漆器、铁器、药材、茶叶、白糖、徽墨、雨伞等。明朝册封使及其随员也乘机采办商货，贩往琉球。福州丝织技术高超，制作精美，丝织品有绫、罗、绮、锦、绢、纱等种类，在海外深受欢迎。为适应对日本、高丽、琉球贸易发展的需要，明朝弘治年间（1488—1505 年），福州在水部门外的河口尾开凿出一条直接通往闽江的新港航道。新港航道十分宽阔，方便商船从这里出入马尾口岸。台江河口一带形成了颇具规模的街市，前来贸易和朝贡的"番商"都集中居住在这里。留存至今的河口"琉球馆"和仓山的"琉球墓"，见证了福州和琉球人民的友好往来及进行商业贸易的那一段珍贵历史。

郑和下西洋后，福州成为闽省"福城宝地"，福州更成为国际贸易的一个中心。明代福州仍盛产丝布，且由于改进了织机，产品质量大为提高，"改机"之绢、绨衣之丝颇负盛名。福州物产有绸、绢、缎、纱、丝布、吉贝布、苎布、葛布、蕉布、綀布等等。据记载"福之绸丝"由闽北经浦城，"下吴越如流水。其航大海而去者尤不可计"。可见福州丝绸大量输往海外，成为国际贸易的抢手货。此时福州蔗糖生产仍十分兴盛，白糖成为继丝绸、瓷器之后福建第三大宗出口商品。福州城内手工业发达，工艺水平不断提高，不仅市区手工商贸繁荣，而且精美的手工艺品名扬四海。史载"闽中子女玉帛、羽毛齿革，无不甲于天下"，"闽中千家万户，烟火相望，庶富如此"，两处闽中皆指福州。

清代，"闽省地处海滨，南洋诸番，在在可通"，"半藉海地为资生之计"。朝廷开海后，又在福州创设闽海关，福州与东南亚、日本等地经济联系密切，西方商船多来福州贸易，以大量白银购买丝织品。福州发挥国际商港的作用，大量输出茶叶、木材、纸张、箱子、粮食、棕绳以及本地水果、红糖、纸伞、锡箔、藤漆器具等土产和手工业产品。开埠后的19世纪50至80年代，福州大量出口茶叶，以至有"世界茶港"之称。在19世纪70年代末琉球被并入日本前，福州与琉球仍保持封贡贸易关系，密切经济交往，福建产的瓷器、茶叶及丝棉织品等，仍是他们喜爱的商品。此外，他们还在福州大量采购药材、日用品、工艺品、纺织品、食品等物品，种类繁多，琳琅满目。同样，每次清廷册封使臣赴琉球，数百名护送士兵、使臣家人和役使，都乘机带去大量货物到琉球做生意，受募充任封舟的船户也带大量货物到琉球进行贸易，如此维持了五百余年。

拾

新时代的闽都文化海外交流

　　福州作为因江而生、向海而兴的滨水城市与古老港口，先民充分发挥环境与人文优势，在悠久的历史进程中，逐步发展起全面的对外政治、经济、文化、学术、科技、工艺的知识交流和人员交往，使福州成为国际知名并影响广泛的大都会。

　　进入新时代，福州市秉承弘扬习近平总书记在福建福州工作期间开创的重要理念、重大实践，坚持"3820"战略工程思想精髓，认真把握闽都文化资源优势，持续完善全市域、全体系、全要素的历史文化名城保护体系，倍加珍惜和呵护宝贵的历史文化资源，推动优秀传统文化创造性转化、创新性发展。福州市高度重视海外文化交流工作，运用好闽都文化资源，加强交流平台搭建，精心策划对外文化交流活动，促进民心相通，让更多重要民间友好交流活动落地福州。福州市深化国际经贸、科技、人才等交流合作，广交国际朋友，推动"走出去"与"引进来"双向奔赴，与友好城市保持频繁的民间交流互动，不断扩大国际朋友圈。同时鼓励各领域专家学者、社会团体、个人通过国际会议论坛、多边合作平台、海外经贸交流和旅游交往等方式认识福州，让广大海外乡亲感受到闽都文化和海上丝绸之路的灿烂文化与时代魅力，让世界更好地了解中国，有效扩大闽都文化海外影响力，努力把习近平总书记为福州擘画的宏伟蓝图变为美好现实。

　　新时代的闽都文化海外交流呈现了蓬勃生机，谱写了福州对外文化交流的新篇章。

一 赓续文脉，搭建闽都文化海外交流平台

1. 搭建组织平台，强化海外交流领导

成立 21 世纪海上合作委员会。2017 年，福州市与中国人民对外友好协会联合在城地组织亚太区框架内发起成立 21 世纪海上合作委员会，不断传播"福州声音"，已有 5 大洲 27 个国家的 65 个城市和组织加入委员会，成为福州推进"海丝"建设的金字招牌。

设立海外文化和经济促进中心。福州市还在世界福州十邑同乡总会、美国福建公所、印尼雅加达吉祥山基金会等 5 个重要侨团设立"海外文化和经济促进中心"，进一步发挥海外福州乡亲分布广、人数多、人才荟萃等优势，增进福州市与榕籍华侨华人所在地城市间的经贸文化交流和人员友好往来，引导更多的海外工商企业界人士参与福州"重点建设六个城""打响五大国际品牌""实施九大专项行动"等活动，助力福州市加快建设现代化国际城市。世界福州十邑同乡总会常务副会长兼秘书长林祥华表示，将积极发挥海外社团的组织力量，推进海外文化和经济促进中心建设，在海外传播和弘扬中华文化、闽都文化，讲好福州故事，引导海外侨胞为福州市与海外的经贸、人文等的交流牵线搭桥，为加快建设现代化国际城市贡献更多侨界的智慧和力量。

2. 开展经贸文化交流活动，展示闽都特色魅力

举办"榕情四海"经贸文化交流系列活动。从 2014 年开展至今的"榕情四海"经贸文化交流系列活动是福州市对外文化交流特色项目和平台，不仅吸引了海外各界了解福州、关注福州、投资福州，也增进了福州与世界各国人民的友好交流。"榕情四海"系列

活动为海外乡亲带去榕城的"虾油味"，全方位宣传福州人文历史和经济社会发展优势，多角度展示福州作为中国历史名城、"海丝"战略枢纽城市的独特魅力和投资合作机会，获赞"精神上的盛宴"。开展"中餐繁荣之闽菜展示"活动赴瑞士、葡萄牙、爱尔兰三国开展，使领馆、侨界重点人士、当地政要等参加，得到海外各界人士的好评，大大提高了福州对外知名度。

举办闽都文化海外学术交流活动。搭建学术研究和交流平台，举办"闽都文化论坛""福州与'一带一路'沿线国家历史文化交流国际学术研讨会"等高端学术交流活动，深化闽都文化海外学术交流，增强文化互动，加强闽都文化与海外关系的研究，推动闽都文化走出去。如一直致力于闽都文化挖掘传承的专业团体——福州

纪念隐元禅师东渡 370 周年活动

市闽都文化研究会，充分发挥在学术资源、人才资源方面的独特优势，不断深化闽都文化学术研究，持续加强与厦门大学、华侨大学、福建师范大学、世界福州十邑同乡总会等高校和社团机构的合作，在马来西亚吉隆坡、菲律宾马尼拉主办了主题为"海外福州人与海上丝绸之路"和"'一带一路'视阈下闽都文化在东南亚的传播"的"闽都文化论坛"，研讨主题涉及福州与东南亚人文交流、海外福州人的迁徙和再移民、海外福州人的创业精神、海外福州人对居住国经济发展的贡献、福州移民对中华文化传播的贡献、海外福州人的民族大义和家乡情怀等方面，主题鲜明，题材丰富，受到海内外许多专家学者和乡亲朋友的热心关注和积极响应。

二　汲古润今，打造民间文艺海外交流品牌

福州市以"中国寻根之旅""名师巡讲团海外行""榕侨书屋""闽都文化艺术交流展""福州非物质文化遗产"等闽都文化海外交流品牌为载体，讲好"闽都故事"，助推闽都文化的国际传播与认同。

2021年11月6日，第二届国际黄檗禅论坛暨隐元禅师东渡创建京都黄檗山万福寺360周年纪念大会在福清举办，为中日友好交流搭建互通互鉴的纽带和桥梁。同时，开始启动黄檗文化申报世界文化遗产工作。

举办"海外华裔青少年夏冬令营""中国文化海外行"等活动，与海外华文学校交流互动，坚持延续"传统特色"，并加入"新鲜元素"，在海外掀起了"最炫福州风"，让福州特色文化在世界惊艳绽放，受到了当地市民的热捧、华人社团的高度赞誉，更是获得媒体的高度关注和广泛报道。如海外华裔青少年"中国寻根之旅"

京都黄檗山万福寺夜景

夏冬令营活动，加深了海外华裔学生对中华传统文化的理解，架起了福州与海外互信友好的桥梁，扩大了国际交流与合作的领域。与海外榕籍侨团共建的"榕侨书屋"，举办中文书展、闽都文化讲座等活动，传播了闽都文化乃至中华文化。近年来，福州已有多所学校与外国学校"牵手"：闽江师范高等专科学校建立东南亚华裔青少年祖籍地文化交流培训中心，并与印尼、马来西亚高校建立战略合作办学关系，开展双向交流合作；福州职业技术学院与塔科马贝茨技术学院，福州教育学院附属中学与林肯中学，福州高级中学与斯达迪恩中学，长乐一中与新泽西州皮康诺克公立高中、蒙特奥利弗高中等多所学校结对。

闽都文化研究会紧紧抓住闽都文化的主题，通过书法、绘画、摄影等海内外福州人喜闻乐见的艺术形式，向海外乡亲全面展示历史悠久、绚烂多姿的闽都文化，进一步激发乡愁，弘扬传统文化，得到海外乡亲的广泛关注和好评。研究会在菲律宾马尼拉举办了"左海乡愁——闽都文化走进菲律宾书画摄影艺术交流活动"，反映了闽都文化的悠久历史，展示了闽都文化的深厚底蕴和当代福州发展成就，引起了海外华侨的浓厚兴趣，彰显了海内外福州人对故乡恋恋不舍的情怀，进一步推动中菲文化交流。许多海外福州人社团还要求将"闽都文化书画摄影艺术巡回展"的作品留在当地继续展出，有力促进了闽都文化"走出去"，扎实推进闽都文化进海外社区。

《闽都文化》杂志充分发挥了侨刊乡讯特色，推动闽都文化海外交流，扩大闽都文化影响力。分别组织编排推出了海丝海路、福州海上贸易与考古、福州古厝、闽都世遗等专题，深受海内外读者好评，此外还组织开展"闽都文化进海外社区"活动，向海外福州社团免费赠送《闽都文化》杂志和研究专著。目前《闽都文化》杂志的海外发行对象达到115个国家和地区，遍及亚洲、欧洲、美洲、澳洲，进一步扩大了闽都文化影响力。一些海外福州乡亲不仅委托国内亲友上门索要《闽都文化》杂志，而且还主动投稿，有效扩大了闽都文化的海外影响。

在非遗方面，福州市通过赴外文化交流活动的契机，充分利用我市丰富的传统艺术文化和非物质文化遗产资源，积极在国际舞台上展示具有福州地方特色的闽剧、福州评话、福州伬艺等非物质文化遗产，扩大闽都文化的对外影响力。还组织非物质文化遗产传承人赴新加坡参加"妆艺大游行"文化交流和在泰国举办"欢乐春节"系列活动。福州闽剧艺术传承发展中心赴俄罗斯参加契诃夫国际戏剧节，演出了闽剧《杨门女将》，将完整版的闽剧首次搬上国际戏剧节舞台。

福州市在丹麦、英国举办了"温泉古都·有福之州"境外旅游推介活动，以温泉为主题、海丝文化为核心、茶文化为主线，进一步加深了北欧及英国旅行社对我市旅游的认识，从而加深对福州基本情况及旅游产品的认知。在阿塞拜疆巴库举办的"有福之州·幸福之城"福州文旅推介会上，福州代表团播放了福州旅游国际宣传片，深入介绍了"温泉养生游""闽都文化游""清新生态游""滨海度假游""美食文化"等特色线路，实现双方在旅游产品、线路开发、市场开拓、区域协作等方面的务实合作，达成合作共识，形成合作实效。

三 文以载道，打造闽都文化国际"朋友圈"

福州市秉持开放包容的理念，以文化交流为纽带，持续开展"最美榕城"公共外交系列活动，促进国际友城人文交流与合作，有计划地扩大福州"朋友圈"。

自 1980 年 10 月 20 日福州市与日本长崎市缔结友好城市以来，福州市的国际友好城市共有 20 个：日本长崎市、日本那霸市、美国锡拉丘兹市、美国塔科马市、巴西坎皮纳斯市、澳大利亚肖尔黑文市、圭亚那乔治敦市、波兰科沙林市、肯尼亚蒙巴萨郡、阿根廷里奥加列戈斯市、俄罗斯鄂木斯克市、印尼三宝垄市、澳大利亚霍巴特市、菲律宾马尼拉市、比利时列日市、毛里塔尼亚努瓦迪布市、柬埔寨暹粒市、越南下龙市、美国檀香山市和塞浦路斯尼科西亚市。1991 年是福州与那霸缔结友好城市的 10 周年，为纪念这段历史，福州方面出资设计，那霸投资 9 亿日元，在那霸市建成了占

纪念中日邦交正常化 45 周年活动

地 8500 平方米的中式园林"福州园"。2011 年，福州市在塔科马市捐建"福州亭"，象征两市友谊历久弥新。"福州亭"位于塔科马市中国协和园内，是塔科马乃至美南皮吉特海峡地区落成的首座中国式建筑。

2010—2018 年间，福州市连续 5 届获得中国人民对外友好协会颁发的"国际友城交流合作奖"或"国际友好城市特别贡献奖"。在国际友城文化交流活动中，福州市组织艺术家们创作了郑和下西洋、福州古厝、"福"文化等具有闽都文化元素的书画、摄影作品参加展示，得到了国际友人的广泛称赞，进一步增强国内外民众对闽都文化的认知度和认同感，展示了福州城市文化魅力，绘就文化

闽都文化论坛

交流画卷。在国际友城文化对话会上，闽都文化专家学者与国际友
人在线进行文化案例分享和互动交流，并就如何促进城市文化可持
续发展开展了热烈的讨论。福州市通过举办文化交流活动，推送文
化精品，展示福州特色，同时，促进多元文化深入交流，不断拓展
合作领域，共同谱写国际友城交流合作新篇章。如与美国在经贸、
教育、文化等多领域开展的深层合作，取得丰硕成果。2022 年 3 月，
夏威夷火锅连锁品牌"夏威夷一品锅"檀香山店开业。这是福州市
在海外挂牌的第一家闽菜馆，为在福州市的国际友城推广闽菜文
化、推动饮食文化交融、助力民心相通奠定良好基础。福州市依托
国际友城的合作关系，积极与美地方商务部门及商协会建立联系，
互派经贸考察团，联合召开经贸对接会。其中，福州市商务局同塔
科马社区与经济发展局、自贸区福州管委会同塔科马世贸中心、福

建省福州港口发展中心同塔科马港务局等签署了相关合作备忘录，进一步推动国际友城商务合作。

四 把握导向，打造闽都文化国际传播体系

党的二十大报告指出：坚守中华文化立场，提炼展示中华文明的精神标识和文化精髓，加快构建中国话语和中国叙事体系，讲好中国故事、传播好中国声音，展现可信、可爱、可敬的中国形象。新时代的福州，持续加强国际传播能力建设，促进闽都文化对外交流和多层次文明对话，不断增强包括闽都文化在内的中华文明传播力、影响力，深化文明交流互鉴，推动中华文化更好地走向世界。福州市推出《知中国瑰宝，迎世遗大会》《闽都古厝》等系列短视频；依托"华人头条"，策划"有福之州·幸福之城"专题，向海外发布闽都文化文章；在"中国福州"脸书、推特、照片墙等平台宣传闽都文化内容，推送贴文近百条；推动"闽都文化进海外社团"，实现遍及亚洲、欧洲、美洲的福州华侨社团全覆盖，进一步增强闽都文化对外宣传实效；用好重大活动平台，在习近平总书记来闽考察和数字中国建设峰会、第44届世界遗产大会、海丝博览会、渔博会等重大活动宣传中，推介闽都文化，展现福州古今交辉的城市形象，推出《七溜八溜不离福州》《巨龙腾飞！世界遗产亮相闽江上空！》等融媒体短视频，全网阅读量超亿次。此外，"丝绸之路国际电影节"盛况获得央视总台、人民日报、新华社、光明日报、经济日报等中央媒体高频关注，吸引了中央、省市和境外百家媒体现场报道，刊播电影节新闻报道累计近百万篇，新华网、央视频、"学习强国"学习平台、人民视频等各大权威媒体连续报道，

抖音、快手、今日头条、腾讯、优酷、爱奇艺等各大平台全网覆盖。

跨海交流，文明互鉴，彼此欣赏，美美与共，这是构建人类命运共同体的应有之义。人类跨越各大洲、各大洋的交流互鉴，更应成为丰厚的文明积淀，为现代社会的进步，提供源源不绝的内在动力。千百年来，福州先贤怀着大海一般的胸襟，虚心互学，形成携手奋进的风气。数千年的历史文化积淀，使福州人文荟萃、风华绝代，闽都海外交流历史更是丰富多彩、流光溢彩。

我们只有了解历史，才能不忘来路，更钟情可爱的家乡；我们只有了解文化，才能记住乡愁，更热爱伟大的祖国。

后 记

　　闽都文化海外交流是一个波澜壮阔的历史进程，在整个闽都文化发展史中占有重要地位，有着非常丰厚的底蕴和鲜明的特征。由于本人从事闽都文化研究工作时间不长，学识有限，对闽都文化海外交流的历史了解不够深入，研究不够透彻，加之资源比较分散，对于参与《闽都文化在海外》一书的编写，实属心中无底，忐忑不安。幸得福建省中华文化学院的信任和林山老师的鼓励与具体指导，本人方才斗胆接下此艰巨任务。数月来，本人不敢懈怠，除一如既往做好日常管理和科研课题外，余时都用在搜集和查找相关资料、编写文稿上。紧赶慢赶后，终于在合约规定时限之前完成书稿，落笔的这一刻，别样的轻松悄然涌上心头。

　　在编写本书的过程中，参考了《闽都文化概论》（林山主编）、《闽都文化研究》（福建省炎黄文化研究会、中共福州市委宣传部编）、《闽都文化读本》（闽都文化研究会丛书，王枝忠、杨式榕主编）、《海水旋流倭国野　天文共戴福州城——闽都国际化的历史进程》（卢美松）、《古代福州造船航海及海外文化交流史探》（赵君尧）、《福州在中国海上丝绸之路的历史地位论略》（杨琮）、《福州海外移民史述略》（薛菁）、《圆瑛大师与南洋的民间文化交流活动》（游友基）、《海外交通——维系福州与世界各国民间交流的纽带》（徐鹤苹、陈桑）、《福州茉莉花茶在海上丝绸之路上扬帆起航》（郭莉）、《论福州的海外民间交流》（李善旺）、《海上丝绸之路与闽菜文化的溯源与传承》（许晓春、陈伟杰）、《海外交通促进了闽都表演艺术的发展与传播》（徐鹤苹、陈桑）、《闽都戏曲在东南亚的传播》（邹自振）、

《寿山石的海外文化交流及海外福州人的贡献》（陈功）、《文物考古视野中的福州与日本的经济交流》（李福生）、《福州漆器发展历程与对外交流》（林娜）等书籍和文章，在此一并鸣谢！

由于本次编写时间较紧，本人水平有限，难免存在错误和瑕疵，所谓挂一漏万，大抵此谓也。在此，请大家多多批评指正。

王　坚